형! 뉴스 좀 똑바로 하세요

방송기사 바로 쓰기

나남
nanam

최정근

고려대학교에서 사회학을 전공하고 1996년 KBS에 입사했다.
본사와 전주방송총국에서 사회, 경제, 정치분야 취재와
9시뉴스 편집업무를 했고, 지역 9시뉴스 앵커도 지냈다.
지금은 KBS 홍보실에서 일한다.
바른 기사문장, 편한 방송언어에 관심이 많다.
이메일: jkchoi@kbs.co.kr

나남신서 1451

형! 뉴스 좀 똑바로 하세요
방송기사 바로 쓰기

2010년 2월 25일 초판 발행
2010년 2월 25일 초판 1쇄

지은이_ 최정근
발행자_ 趙相浩
발행처_ (주) 나남
주소_ 413-756 경기도 파주시 교하읍 출판도시 518-4
전화_ 031) 955-4600 (代)
FAX_ 031) 955-4555
등록_ 제 1-71호(1979. 5. 12)
홈페이지_ www.nanam.net
전자우편_ post@nanam.net

ISBN 978-89-300-8451-2
ISBN 978-89-300-8001-9 (세트)
책값은 뒤표지에 있습니다.

형! 뉴스 좀 똑바로 하세요

방송기사 바로 쓰기

최정근 지음

나남
nanam

◆ 일러두기 ◆

- 〈곱씹는 뉴스, 고쳐 쓰는 기사〉의 단락마다 으뜸으로 예를 든 기사는 2009년 7월 30일부터 2009년 12월 17일까지 방송된 KBS, MBC, SBS 방송 3사 텔레비전의 저녁 종합뉴스에서 찾았다. 그날의 뉴스 가운데 의미를 되짚어 곱씹을 만한 기사이면서 동시에 그 단락에서 지적하려는 그른 표현도 있는 리포트 기사를 골라 그 일부를 끌어 썼다.
- 단락의 뒤쪽마다 예로 든 여러 기사는 2009년 1월 1일부터 그 단락을 쓴 날짜까지 KBS가 보도한 모든 뉴스에서 두루 찾았다.
- 〈그 밖에 꼭 고쳐야 할 30가지〉에서 예로 든 기사는 2009년 한 해 동안 KBS가 보도한 모든 뉴스에서 찾았다.
- 3사의 종합뉴스는 모두 인터넷으로 검색했고 나머지 KBS의 기사는 KBS의 보도정보 시스템으로 검색했다. 따라서 잘못이라고 지적한 기사 가운데 실제로는 옳게 고쳐 방송한 기사가 있을 수 있는데 그 방송사와 기자 선후배들의 너그러운 이해를 바란다.

최정근이 준 '신선한 충격'

강 준 만
(전북대 신문방송학과)

미국에서 TV라는 매체 자체가 유아기에 놓여 있던 1940년대에 TV뉴스는 '저널리즘'이라기보다는 '연예'의 일부로 간주하였다. 단지 TV편성의 구색을 맞추기 위해 뉴스 같은 것도 있어야 되지 않겠느냐는 막연한 생각에서 끼워 넣은 것뿐이었다. 예컨대, 1940년대 말 모기업인 RCA의 지원 덕택으로 미국 방송계의 선두를 달리던 NBC-TV는 〈카멜 뉴스 캐러번〉(Camel News Caravan)이라는 뉴스프로그램의 앵커맨격인 존 카메론 스웨이즈(John Cameron Swayze)를 언론인이라기보다는 배우로 생각하였다. 실제로 스웨이즈는 영화배우 경력이 전부인 인물이었다.

스웨이즈는 멋있게 보이려는 이유만으로 가발을 썼으며, 옷깃에 카네이션을 꽂고 TV에 나타났다. 그는 대단한 인기를 누렸다. 비평가들이 NBC는 뉴스보다도 스웨이즈를 어떻게 보일 것인가에 더 신경을 쓴다고 비난할 것 같으면, NBC는 바로 그 이유 때문에 NBC뉴스의 시청률이 높은 걸 어떻게 하느냐고 항변하였다.

1940년대만 해도 '앵커맨'이란 개념은 아직 등장하지 않았을 때이다. 최초의 앵커맨이란 용어를 사용한 건 1952년이다. 1952년 민주·공화당 전당대회

보도를 맡은 월터 크롱카이트(Walter Cronkite)에게 CBS는 최초로 '앵커'라는 말을 사용했다. 그렇지만 전반적으로 1950년대의 TV뉴스는 신문과 비교해 뉴스로서의 가치를 아직 인정받지 못하고 있었으며, TV네트워크들도 뉴스를 오락프로그램으로 돈을 벌기 위해 마지못해 해야 하는 것으로 간주하는 경향이 강했다.

그러다가 1959년 이른바 '퀴즈쇼 스캔들'이 일어나면서 상황은 급변했다. 당시 미국 TV를 휩쓸던 퀴즈쇼들이 모두 조작된 것이라는 사실이 밝혀지면서 강력한 방송규제를 외치는 목소리가 높아졌다. 네트워크들은 규제를 피하기 위해 미친 듯이 뉴스 프로그램을 늘려 나갔다. 뉴스 프로그램은 이익에 연연하지 않는, 공익을 위한 서비스로 여겨졌기 때문이다.

네트워크들은 보도프로그램을 늘리고 나서 새로운 고민에 빠져들었다. 갑자기 2배로 늘어난 뉴스프로그램은 TV 네트워크들 사이에 예전엔 볼 수 없었던 치열한 경쟁을 불러일으켰다. 이익은 고사하고 뉴스프로그램으로 인한 손실을 최소화시켜야 할 위기상황에 직면했기 때문이다.

시청자를 한 명이라도 더 끌어 모으기 위해서는 불가피 '뉴스의 오락화'에 의존하지 않을 수 없었다. 물론 이는 전혀 새로운 건 아니었지만 갑자기 급증한 뉴스프로그램이 편성에서 차지하는 비중 때문에 1940년대와는 다른 상황이었다. TV 네트워크들은 '뉴스의 오락화'를 위해 앵커시스템을 본격적으로 도입하고 앵커를 스타로 만드는 데에 골몰하였다. 영화의 내용도 질도 아닌 스타가 관객을 끌어 모은다는 할리우드의 비법을 도입한 것이다.

1961년 3월 당시 쳇 헌틀리(Chet Huntley)와 데이비드 브링클리(David Brinkley)라는 남성 듀오 앵커가 진행하던 NBC의 저녁뉴스 〈헌틀리-브링클리 리포트〉의 프로듀서 로이벤 프랭크(Reuven Frank)는 자신의 프로그램이 "뉴스 비즈니스가 아니라 쇼 비즈니스"임을 솔직히 시인하였다. 헌틀리와 브링클리 듀오는 당시 여성들에게 폭발적 인기를 누렸다. 그들은 늘 데이트를 요구하는 여성팬들 때문에 피해 다녀야 했으며, 특히 얼굴이 잘 생긴 브링클리는 극성팬들이 짐을 싸들고 그의 집을 찾아와 죽치는 바람에 경찰이 출동하기까지 했다.

헌틀리와 브링클리가 이끄는 NBC뉴스는 시청률에서 CBS를 압도하였다. CBS는 어떻게 하면 NBC를 따라잡을 것인가 하는 문제를 놓고 고민하였다. 1961년 11월 당시 CBS뉴스 부사장이던 클라크(Blair Clark)는 "가장 큰 문제는 우리는 퍼스낼리티를 생각하지 않을 수 없다는 것이다. 앵커맨을 믿을 만하게 보이게 하고, 믿을 만하게 들려줘야 한다"고 그의 고민을 털어놓았다.

1962년 4월, CBS는 결국 결단을 내렸다. 그 당시 앵커맨이던 더글러스 에드워즈(Douglas Edwards)를 신뢰성이 가는 퍼스낼리티를 가진 인물로 교체하였던 것이다. 그 인물이 바로 크롱카이트였다. 좋은 의미에서든 나쁜 의미에서든 CBS가 에드워즈를 크롱카이트로 교체시킨 것은 TV뉴스가 퍼스낼리티쇼로 탈바꿈한 것을 웅변해주는 것이었다.

1966년 2월 자신의 스타 역할에 대해 양심의 가책을 느끼던 NBC 뉴스 앵커맨 브링클리는 컬럼비아대학에서 행한 한 강연을 통해 TV뉴스의 스타시스템을 맹렬히 비난하였다. 자기비판인 셈이었다. 그는 모든 것을 다 아는 슈퍼맨처럼 연기하는 앵커맨의 역할 그리고 TV기자마저 스타로 만들어 뉴스를 팔아먹는 행위를 중단할 것을 촉구하면서 TV뉴스도 신문뉴스처럼 제작할 것을 제안하였다. 그래야만 TV뉴스가 쇼비즈니스로 타락하지 않을 것이라고 주장했다. 그러면서 그는 자신과 헌틀리와 크롱카이트가 타락한 TV뉴스의 마지막 세대로 기억될 수 있었으면 좋겠다는 희망을 나타냈다.

그러나 브링클리 개인의 힘으로 시청률 극대화를 위해 뉴스비즈니스를 쇼비즈니스로 몰고 가는 미국 상업방송의 속성을 어찌할 수는 없었다. 그는 곧 자신의 희망을 단념하고 예전의 슈퍼맨 역할을 충실히 하였다. 또 TV뉴스가 쇼비즈니스로 전락했다고 개탄하던 크롱카이트 역시 1966년 말 CBS뉴스를 선전하라는 경영진의 지시에 따라 CBS의 오락쇼에 출연하기에 이르렀다.

1970년대 들어 TV뉴스는 상업적으로도 최전성기를 맞이했다. 1970년 NBC 저녁뉴스는 720만 달러 예산(비용)에 3천 4백만 달러를 벌어들였다. 5배 장사를 한 셈이었다. 네트워크들이 뉴스에서 돈을 많이 벌면 벌수록 TV뉴스의 신뢰도도 그만큼 올라갔다. 1971년의 로퍼 조사에 따르면 "TV 라디오 신문 잡지의 4개 매체가 어떤 사건에 대해 서로 달리 보도할 때에 어떠한 것을 믿겠느냐?"는 질문에 응답자중 TV를 믿겠다는 사람은 32%였으며, 신문을 믿겠다는 사람은 20%에 지나지 않았다.

한국 TV뉴스에 앵커맨이 등장한 것은 바로 이 시기였다. 최초의 앵커맨 등장은 MBC가 1970년 10월 5일부터 시작한 〈뉴스데스크〉를 통해서였다. 〈뉴스데스크〉는 "종전의 평면적인 사건보도 형식을 탈피하여 앵커맨을 기용하고 현장성을 살린 TV다운 뉴스 보도방식을 취하기 시작"하였다. 〈뉴스데스크〉를 추진했던 김기주는 다음과 같이 회고했다.

> 당시로서는 아나운서가 아니고는 감히 스튜디오에 들어가 뉴스를 전달해 준다는 것과 취재기자들이 자기가 취재한 기사를 현장에서 직접 보도한다는 것

> 은 상상도 할 수 없는 때였다. '앵커'라는 용어 자체가 전혀 생소한 때였고, 기자는 어디까지나 원고지에 기사를 써주는 것으로 임무가 끝나는 때였다. … 이 〈뉴스데스크〉는 한국 TV뉴스의 형태를 완전히 바꿔놓는 하나의 혁명이었고, 그래서 안팎으로부터 견디기 어려운 빈정거림과 항의, 비협조 속에서 어렵게 출생했다.

하긴 아나운서의 정확한 어법·발음과 매끄러운 음성만 듣던 시청자들이 일반인들과 크게 다를 바 없는 보도국장이 앵커로 앉고 취재 기자들이 직접 리포팅하는 방식에 대해 저항감을 갖지 않을 리 없었다. 그래서 다른 방송사들은 한참 후에 〈뉴스데스크〉의 앵커방식을 도입했다. TBC는 1972년 4월부터, KBS는 1973년 10월부터 이와 유사한 뉴스프로그램을 선보였다.

지금 우리가 매일 시청하고 있는 TV뉴스의 기본 포맷이 탄생하게 된 역사적 배경이다. 한국은 미국에 비해 '뉴스의 쇼비즈니스화'가 훨씬 덜한 나라지만, 뉴스가 일종의 드라마 구조를 갖는다는 점에선 본질적으로 다를 바가 없다. TV뉴스의 속성상 영상이 중요한 의미를 갖기 때문에 언어는 아무래도 뒷전으로 밀리기 마련이다.

언젠가 《한국 TV뉴스 발달사》라는 책을 쓰고자 하는 나로선 TV뉴스를 시청할 때에 뉴스의 내용 못지않게 뉴스의 형식에 주목하지만, 그래도 방송언어엔 별 신경을 쓰지 않았던 것 같다. TV뉴스를 시청하면서 음성이나 발음이 영 시원치 않은 기자를 보면 "아니 저래도 되는 건가? 음성이나 발음이 좋지 않은 국민에게 자신감을 심어주기 위한 건가?"라고 의아하게 생각한 적은 있지만, 문법이나 어법을 문제 삼는 데까진 이르지 못했다.

그런 점에서 최정근 기자의 《형! 뉴스 좀 똑바로 하세요》는 뜻밖의 책이다. 아니 놀랍다. 진부해진 표현일망정, '신선한 충격'이라고 말하고 싶다. 그가 전주에서 지역 9시뉴스 앵커를 맡았을 때 애청자 중의 한 사람으로서 "잘하네" 라고 생각은 했지만 이렇게까지 정확한 방송언어 구사를 위해 애를 쓴 줄은 몰랐다. 뜨끔하다. 내가 하는 말은 둘째 치고 내가 쓰는 글이 정확하거나 옳다고 자신할 수 없기 때문이다. "그냥 대충 뜻만 통하면 되는 거 아냐?" 라고 생각해온 것 같다.

'영상 드라마'의 파워로 흘러가려는 TV뉴스에 정색을 하고 방송 저널리즘의 기본을 지키자고 외치는 최 기자의 정직한 프로 근성에 경의를 표하지 않을 수 없다. 최 기자는 "기회가 되면 단신과 리포트 기사 전체를 살펴 그릇된 호응이나 지나친 생략, 모호한 표현과 같은 문장 차원의 잘못을 정리해 보겠다는 약속"을 했는데, 자신의 생산물에 대한 이런 투철한 책임의식이야말로 공적 영역에서 활동하는 모든 사람들이 가져야 할 기본 덕목은 아닐까? 그런 자세가 갖추어졌을 때 비로소 그 말 많고 탈 많은 공정성의 미덕도 올바른 출발점에 서게 되는 건 아닐까? 최 기자의 정열에 뜨거운 지지를 보낸다.

"정근이 형! 뉴스 좀 똑바로 하세요."

알고 지내는 한 후배가 여러 해 전 문득 던진 말이다. 무슨 얘기인가 했더니 TV나 라디오에 나오는 방송뉴스 기사가 얼핏 듣기에도 아주 엉망이라는 불만이자 원망이었다. 뉴스를 보다보면 앞뒤가 맞지 않는 비문이 있는가 하면 써서는 안 될 듯한 단어가 툭툭 튀어나온다는 설명이었다. 옳은 말이었다. 평소 기사를 쓰고 리포트를 제작하면서 가끔 비슷한 생각을 했기에 마땅히 반박할 수 없었다. 방송이나 신문과 아무 관련이 없고 국어를 전공하지도 않은, 아주 평범한 시청자의 지적이었기에 더욱 뼈아팠다.

혼자만 반성할 일이 아니었다. 며칠 뒤 KBS 기자들이 쓰는 사내 보도정보 시스템의 게시판에 그 사연을 전하면서 잘못 쓰고 있는 표현을 바로잡자고 글을 올렸다. 잘못된 기사 문장을 찾아 지적하는 글을 꾸준히 올리면서 선후배들의 공감을 얻어 KBS의 뉴스문장을 바로잡아 보겠다고 자못 원대한 계획을 세웠다. 하지만 겨우 세 차례 글을 올리고 말았다. 현업에 바쁘다는 핑계였다. 기사를 꼼꼼히 읽고 어색한 표현을 찾아 왜 틀렸는지 근거를 대는 건 시간에 쫓기는 현업기자가 꾸준히 하기에 결코 쉽지 않은 일이었다.

한동안 잊고 지내다 다시 관심을 갖게 된 건 전주에서 지역 9시뉴스 앵커를 맡으면서였다. 뉴스를 진행하기 위해서는 사회 현안을 아우르는 시각을 토대로 선후배들의 리포트 기사를 하나하나 신경 써 읽은 뒤 핵심을 간추려 앵커멘트를 써야 했다. 동료기자들이 쓴 단신기사도 문장을 가다듬어 고쳐 써야 했다. 그러다 보니 그른 표현이 전보다 더 뚜렷이 눈에 띄었다. '정말 심각하구나! 명색이 우리나라 대표방송사인 KBS의 뉴스가 이렇게 엉망으로 나가고 있는 거야?' 싶었다. 그때부터 어색한 문장이나 잘못된 표현이 눈에 띄면 '이건 틀렸네!', '이렇게 고치면 좋겠어' 하면서 간단히 기록해 두었다. 관련 공부도 하고 그 내용을 체계를 갖춰 정리하고도 싶었는데 게으른 탓에 역시 마음뿐이었다. 그 뒤 다시 본사 취재 현업부서에 있을 때는 그나마 간단한 기록마저도 하지 못했다.

그러다 지난해 홍보실로 부서를 옮기면서 기회가 생겼다. 보도국 소속으로 취재현장을 다닐 때보다는 나만의 시간을 더 낼 수 있었기에 '어떤 결과물이 나오든 이번에 공부 삼아 한 번 정리해 보자'고 마음을 먹었다. 그날그날 방송 3사의 TV 저녁 종합뉴스의 원고를 찾아 읽으면서 전에 기록해 둔 목록과 비교하고 관련책도 참고해 점검해 보기로 했다. 그런데 웬걸? 새로운 욕구가 생겼다. 뉴스 원고를 찬찬히 읽다보니 문득 현안에 대해 생각을 정리하고 뭔가 발언하고 싶은 욕구가 인 것이다. 기자는 기사로만 말하는 거라 배웠는데, 기사를 쓰는 처지가 아니라 읽고 보고 듣는 처지가 되자 자연스레 생긴 새로운 욕구였다. 이 책은 그렇게 틈틈이 쓴 글을 묶었다.

남녀노소 가릴 것 없이 방송이 시청자에게 미치는 영향은 엄청나다. 방송뉴스의 품질은 그래서 중요하다. 사실을 정확히, 빠르게 전달해야 한다. 심층 취재를 통해 현상의 뒷면을 파헤치고 대안도 제시해야 한다. 뉴스의 존재 이유이자 기본 명제이다. 이 명제만큼이나, 아니 오히려 더 꼭 지켜야 하는 다른 하나가 기사를 바른 우리말로 쓰는 것이다. 주어와 술어가 일치하지 않는 문장, 유래조차 알 수 없는 그른 표현, 아름다운 우리말 대신 한자어와 외래어로 범벅된 기사는 안 된다. 더 쉽고 더 아름답고 더 편한 우리말을 잘 살려 기사를 쓰는 것은 방송기자의 마땅한 의무이다. 뉴스가 아닌 다른 분야의 방송 프로그램에서도 지키고 따라야 할 원칙이다.

이 책은 그동안의 방송기자 경험과 내가 가진 우리말 정서로 국문법과 일상언어 현실을 적절히 반영해 썼다. 그래서 일부 내용은 문법으로만 철저히 따지면 잘못일 수 있다. 또 말과 글의 표현에는 모범답안이 없고 저마다 가진 개성이 실리기에 나와 다른 주장이 있을 수도 있다. 지적은 언제든, 누구에게서든 기꺼이 받겠다. 기자를 비롯한 방송종사자는 물론, 우리말을 바로 쓰는 데 관심이 있는 모든 분들에게 조금이라도 도움이 되길 바란다. 아울러 이 책에서는 특정 어휘 위주로만 틀린 표현을 지적했는데, 기회가 되면 단신과 리포트 기사 전체를 살펴 그릇된 호응이나 지나친 생략, 모호한 표현과 같은 문장 차원의 잘못을 정리해 보겠다는 약속을 드린다.

막상 책으로 묶어 내려니 부끄러움이 앞선다. 13년 넘는 방송기자 생활에서 나 또한 숱하게 기사를 잘못 쓰고 보도해 왔기 때문이다. 앞으로 도 취재현장에 돌아가 분초를 다퉈가며 기사마감에 쫓기다 보면 이 책에서 내가 지적한 오류를 되풀이할 수도 있다고 미리 고백한다. 그래서 이 책은 내게도 매운 채찍이다. 말과 글은 저절로 나오는 습관과 같다. 평소 옳은 언어습관을 가지려 애쓰다 보면 기사를 쓸 때도 저절로 옳은 문장과 표현이 나오게 된다.

출판을 망설일 때 용기를 북돋아 준 아내 김소희를 비롯한 가족, 그리고 흔쾌히 출판을 맡아준 나남출판 조상호 대표와 방순영 편집부장, 김선양 총무차장을 포함한 나남의 여러분에게 깊이 감사한다.

2010년 2월

최 정 근

나남신서 1451

형! 뉴스 좀 똑바로 하세요

방송기사 바로 쓰기

차 례

곱씹는 뉴스, 고쳐 쓰는 기사

그밖에 고쳐야 할 30가지

곱씹는 뉴스, 고쳐 쓰는 기사

1. ○○○의 ○○○

등록금 걱정 때문에 대학생이 스스로 목숨을 끊는다. 등록금과 생활비 마련을 위한 아르바이트 수요가 워낙 많다 보니 주유소나 편의점 밤샘 아르바이트 자리도 하늘의 별따기란다. 방학 때면 남학생들은 막노동판으로, 여학생들은 술집으로 몰려간다는 세태가 한심하다.

이런 상황에서 정부가 대학생에게 학자금을 빌려주고 졸업 후 취업한 뒤에 천천히 돌려받는 새로운 등록금 대출제도를 시행하겠다고 밝혔다. 한 학기에 수백만 원에 이르는 등록금의 고통에서 벗어날 수 있게 정부가 돕겠다는 취지다. 늦었지만 다행이다. 하지만 학자금을 쉽게 빌려 쓰도록 하는 것보다 더 중요하고 절실한 건 바로 등록금이 터무니없게 오르지 않도록 하는 것이다. 게다가 이번 제도 때문에 저소득층 대학생에게 주는 장학금은 오히려 줄게 됐다니 그것도 어이없는 일이다.

이 소식을 전한 방송기사를 하나 살펴보자.

정부가 대학생에게 학자금의 전액을 빌려주고 졸업 후 취업을 하면 갚도록 하는 제도가 내년부터 시행됩니다. 학부모의 가계부담을 덜고, 취업을 못한 졸업생들이 돈을 갚지 못해 신용불량자가 되는 일을 막겠다는 취지입니다.
OOO 기자가 보도합니다.

대학 재학시절, **천만 원의 정부 학자금**을 대출받았던 28살 이 모 씨. 올해 초 대학을 졸업했지만 취업에 실패해 치킨배달 아르바이트를 하며 한 달에 6, 70만 원을 벌고 있습니다.[1)] 매달 20만 원씩 갚아야 하는 원금은커녕 이자도 밀려 빚독촉에 시달립니다.

뭐가 틀렸을까?

'천만 원의 정부 학자금'이란 표현이 어딘지 어색하지 않은가? 그렇지 않고 자연스럽게 느껴진다면 당신은 '영어중독자'다. '정부 학자금 천만 원'으로 고쳐 써야 우리말 어순에 맞다. 전체 문장으로 봐도 훨씬 자연스럽다. '대학 재학시절, 정부 학자금 천만 원을 대출받았던 28살 이 모 씨.' 그런데 시청자는 물론 방송기자 대부분도 앞의 표현이 오히려 익숙하다. 'two cups of milk'와 같은 영어식 문장에서 비롯한 그른 표현이라는 걸 모르지는 않지만, '~의'를 써 어순을 뒤집는 버릇이 이미 배어버렸다.

2009. 7. 30

1) '~고 있다'는 되도록 피해야 할 표현이다. 그냥 '법니다'로만 써야 간명하다. 뒤에서 따로 다룬다.

화려한 의상을 차려 입은 **백여 명의 여성 무희들이** 현란한 조명을 받으며 다채로운 춤과 노래공연을 펼칩니다.

→ 화려한 의상을 차려입은 **여성 무희 백여 명이** 현란한 조명을 받으며 다채로운 춤과 노래공연을 펼칩니다.

오늘 집중호우로 부산지역에서 250여 채 등 남부지방에선 **모두 450여 채의 주택이** 침수된 것으로 잠정 집계됐습니다.

→ 오늘 집중호우로 부산지역에서 250여 채 등 남부지방에선 **주택이 모두 450여 채** 침수된 것으로 잠정 집계됐습니다.

→ 오늘 집중호우로 부산지역에서 250여 채 등 남부지방에선 **주택 450여 채가** 침수된 것으로 잠정 집계됐습니다.

서울광장은 **수만 명의 시민들로** 가득 차 있습니다.

→ 서울광장은 **시민 수만 명으로** 가득 차 있습니다.

→ 서울광장에 **시민 수만 명이** 가득 차 있습니다.

예식장 6곳을 돌며 **모두 750만 원의 축의금**을 가로챘습니다.

→ 예식장 6곳을 돌며 **축의금을 모두 740만 원** 가로챘습니다.

요코하마전에서 연타석 홈런을 쳤던 이승엽은 이틀 동안 **3개의 홈런**을 터트리며 부활을 알렸습니다.

→ 요코하마전에서 연타석 홈런을 쳤던 이승엽은 이틀 동안 **홈런 3개**를 터트리며 부활을 알렸습니다.

수백만 달러의 보상금을 지급하기도 했습니다.

→ **보상금 수백만 달러**를 지급하기도 했습니다.

의사자에게는 **1억 9천여만 원**, 의상자에게는 부상 정도에 따라 **천만 원에서 1억 9천여만 원의 보상금**이 지급됩니다.

→ 의사자에게는 **보상금 1억 9천여만 원**, 의상자에게는 부상 정도에 따라 (**보상금**) **천만 원에서 1억 9천여만 원**이 지급됩니다.

→ **보상금이** 의사자에게는 **1억 9천여만 원**, 의상자에게는 부상 정도에 따라 **천만 원에서 1억 9천여만 원** 지급됩니다.

유일한 희망이 장기이식뿐인 **만 8천여 명의 장기이식 대기자들**과 의료계는 환영의 뜻을 밝혔습니다.

→ 유일한 희망이 장기이식뿐인 (**장기이식**) **대기자 만 8천여 명**과 의료계는 환영의 뜻을 밝혔습니다.

명량해전에서 왜선 백여 척을 격파한 **12척의 배**와 23전 23승의 불패신화를 기려 이름도 12·23 분수로 지었습니다.

→ 명량해전에서 왜선 백여 척을 격파한 **배 12척**과 23전 23승의 불패신화를 기려 이름도 12·23 분수로 지었습니다.

2. ~에 대해(서)

쌍용자동차 사태가 결국 파국으로 치닫고 있다. 몇 년 전 비슷한 상황인 대우자동차 부평공장에 현장취재 나갔던 기억이 떠올라 가슴이 더 먹먹하다. 말 그대로 전쟁터를 방불케 하던 그 현장에서 노동자들은 목숨을 걸고 싸웠다. 싸워 이기지 않으면 삶을 송두리째 짓밟힐 수밖에 없기에 그랬다. 하지만 끝내 무릎을 꿇고 희생을 강요당했다. 목숨을 건 그런 싸움이 지금 평택에서 되풀이되고 있다. 승산은 높지 않을 것이다. 또 다시 일방적인 희생을 강요당할 공산이 크다. 그들은 힘없고 못 가진 한낱 노동자들일 뿐이니….

정치의 몫이다. 노사의 이해가 첨예하게 맞선 채 사회적 갈등을 키우는 상황이라면 그 갈등을 해결할 주체는 결국 정치이다. 그러라고 정치가 있는 것이다. 제발 그런 일 좀 제대로 하라고 투표를 통해 청와대에, 국회에 보냈다.

이제 정부와 채권단은 쌍용차 파산에 대비하는 모습입니다. 정부는 특히 부품업체와 지역경제를 살리는 대책을 강구하고 있습니다.
OOO 기자가 취재했습니다.

쌍용차는 주채권 은행인 **산업은행에 대해** 추가 자금지원을 요구해왔지만 산업은행의 반응은 냉담합니다. 추가 자금지원은 물론 노조가 요구하고 있는 2,380억원에 이르는 채권의 **출자전환에 대해서도** 산업은행은 매우 부정적입니다.

여기서 살펴볼 표현은 '~에 대해(서)'이다. 위 예문에서 앞의 '~에 대해'와 뒤의 '~에 대해서'는 쓰임이 좀 다르다. 앞의 표현은 대상을 가리키는 것으로 영어로 따지자면 'to'에 해당하고, 뒤의 표현은 '~에 관해'라는 뜻으로 'about'에 해당한다.

'to'의 의미인 '~에 대해'는 전혀 필요 없는 잘못된 표현이고, 'about'의 의미를 가진 '~에 대해'는 일상적으로 쓰이긴 하지만 위 예문에서 알 수 있듯이 굳이 쓰지 않아도 되는 때가 많다. 따라서 '산업은행에 대해 추가 자금지원을 요구해왔지만'은 '산업은행에 추가 자금지원을 요구해왔지만'으로 고쳐야 한다.

'채권의 출자전환에 대해서도 산업은행은 매우 부정적입니다'는 '채권의 출자전환에도 산업은행은 매우 부정적입니다'로 고치면 더 자연스럽다.

이 밖에 목적어 뒤에 '~에 대해'를 붙여 쓰는 경우가 많다. 이 역시 잘못된 표현이다. '~을', '~를', 또는 '~에'로 써야 한다.

2009. 8. 3

예

한나라당과 자유선진당은 충남 연기군 일대에 들어설 세종시의 **위상에 대해** 전격 합의했습니다.

→ 한나라당과 자유선진당은 충남 연기군 일대에 들어설 세종시의 **위상에** 전격 합의했습니다.

정부는 이 집회에 참여한 **공무원 105명에 대해** 파면이나 해임, 정직 등의 **중징계를 내리도록** 소속기관에 요청했습니다.

→ 정부는 이 집회에 참여한 **공무원 105명에게** 파면이나 해임, 정직 등의 **중징계를 내리도록** 소속기관에 요청했습니다.

→ 정부는 이 집회에 참여한 **공무원 105명을** 파면이나 해임, 정직 등 **중징계하도록** 소속기관에 요청했습니다.

북한 핵개발 등을 지원한 북한과 이란의 **기업들에 대해** 자산동결 등 독자제재를 내렸습니다.

→ 북한 핵개발 등을 지원한 북한과 이란의 **기업들에** 자산동결 등 독자제재를 내렸습니다.

켈리 대변인은 북한주민들의 **상황에 대해** 매우 우려하고 있지만 추가 식량지원은 지원된 식량이 적절하게 사용된다는 보장이 있어야만 가능할 것이라고 말했습니다.

→ 켈리 대변인은 북한주민들의 **상황을** 매우 우려하고 있지만 추가 식량지원은 지원된 식량이 적절하게 사용된다는 보장이 있어야만 가능할 것이라고 말했습니다.

경찰은 영장이 발부되면 술 접대강요 **혐의에 대해** 집중 수사할 방침입니다.

→ 경찰은 영장이 발부되면 술 접대강요 **혐의를** 집중 수사할 방침입니다.

3. 기간 동안

빌 클린턴 미국 전 대통령이 북한을 방문해 김정일 국방위원장과 만난 뒤 억류돼 있던 기자 – 언론에서 왜 구태여 '여기자'라고 쓰는지 모를 일이다. 이들이 여성이라는 건 이번 사건의 본질과 아무런 관계가 없다 – 2명을 데리고 미국으로 돌아갔다. 깜짝 행보다. 좀더 두고 봐야 하겠지만 북한과 미국 모두 명분과 실리를 다 챙길 수 있는 묘수로 보인다. 궁지에 몰리고도 끝내 미국과 접촉을 이끌어내는 북한의 외교력이 특히 돋보인다. 북핵문제도 어떤 형식이든 대화를 통해 곧 해결될 공산이 커졌다. 미국은 부시 때처럼 무작정 윽박지르지 않으면서도 북한에 끌려가지도 않는 신중한 자세를 유지한 채 자국국민의 안전을 위해 온 힘을 기울이는 모습을 보였다. 이 와중에 클린턴은 현대아산 직원 유 모 씨와 연안호 선원들 문제도 언급했다고 한다. 우리 정부는 한없이 무력함을 드러내고 그 대신 외국의 전 대통령이 우리 국민의 생사를 걱정하는 사태, 한심하다. 강경 일변도의 대북정책을 밀어붙이며 북한과 미국 사이에서 우왕좌왕하다가 결국엔 망연자

실, 먼 산만 바라보는 꼴이 되지 않을까 걱정이다.

> 클린턴 전 대통령이 이번 방북중에 억류중인 개성공단 근로자 유 모 씨와 연안호 선원들의 석방문제를 북측에 언급한 것으로 확인됐습니다. 우리 정부는 북한의 태도변화 여부에 촉각을 곤두세우고 있습니다.
> OOO 기자입니다.

> 클린턴 전 미국 대통령이 **방북기간 동안** 북한에 억류중인 현대아산 직원 유 모 씨와 연안호 선원의 석방문제를 언급했다고 외교부가 밝혔습니다.

국립국어원 표준국어대사전의 풀이에 따르면 '기간'은 '어느 때부터 다른 어느 때까지의 동안'이고 '동안'은 '어느 한때에서 다른 한때까지 시간의 길이'이다. 둘 다 명사이고 뜻도 똑같다. 따라서 겹쳐 써서는 안 된다. '클린턴 전 미국 대통령이 방북기간(에)'라고 하든지 '클린턴 전 미국 대통령이 방북(한) 동안(에)'으로 고쳐 써야 맞다.

'~기간(에)'가 '~동안(에)'보다 더 자연스럽게 들리는데 이는 우리말보다 한자말에 익숙한 잘못된 언어습관 때문이다. '~동안(에)'로 쓰는 게 어색하다면 차라리 '클린턴 전 미국 대통령이 방북했을 때'로 쓰면 좀더 편한 말이 된다.

2009. 8. 6

예

축전기간 동안엔 반기문 UN사무총장 등 전 세계 저명인사들이 한자리에 모이는 세계환경포럼과 세계물포럼 등 20여 건의 국제회의도 열릴 예정입니다.

→ **축전기간엔** 반기문 UN사무총장 등 전 세계 저명인사들이 한자리에 모이는 세계환경포럼과 세계물포럼 등 20여 건의 국제회의도 열릴 예정입니다.

→ **축전(이 열리는) 동안엔** 반기문 UN 사무총장 등 전 세계 저명인사들이 한자리에 모이는 세계환경포럼과 세계물포럼 등 20여 건의 국제회의도 열릴 예정입니다.

월드컵 본선기간 동안 최대 100만 명의 관광객이 추가로 남아공을 방문할 것으로 예상되는 상황. 하지만 수용능력에는 한계가 있어 보입니다.

→ **월드컵 본선기간에** 최대 100만 명의 관광객이 추가로 남아공을 방문할 것으로 예상되는 상황. 하지만 수용능력에는 한계가 있어 보입니다.

→ **월드컵 본선(이 열리는) 동안** 최대 100만 명의 관광객이 추가로 남아공을 방문할 것으로 예상되는 상황. 하지만 수용능력에는 한계가 있어 보입니다.

한나라당은 여야가 앞으로 남은 **임시국회 기간 동안** 상임위 활동에 집중해야 한다는 점을 강조했습니다.

→ 한나라당은 여야가 앞으로 남은 **임시국회 기간(에)** 상임위 활동에 집중해야 한다는 점을 강조했습니다.

→ 한나라당은 여야가 앞으로 남은 **임시국회 동안(에)** 상임위 활동에 집중해야 한다는 점을 강조했습니다.

9년의 **개발기간 동안** 천억 원의 예산이 투입된 홍상어는 미국에 이어 세계에서 두 번째로 개발된 것이어서 향후 방산수출의 효과도 거둘 수 있을 것으로 기대됩니다.

→ 9년의 **개발기간에** 천억 원의 예산이 투입된 홍상어는 미국에 이어 세계에서 두 번째로 개발된 것이어서 향후 방산수출의 효과도 거둘 수 있을 것으로 기대됩니다.

교통사고를 당한 운전자들은 **차량 수리기간 동안** 보험사 부담으로 렌터카를 빌릴 수 있습니다.

→ 교통사고를 당한 운전자들은 **차량 수리기간에** 보험사 부담으로 렌터카를 빌릴 수 있습니다.

→ 교통사고를 당한 운전자들은 **차량을 수리할 동안(에)** 보험사 부담으로 렌터카를 빌릴 수 있습니다.

오늘 김수환 추기경을 떠나보낸 명동성당은, 그의 **재임기간 동안** 민주화의 성지로 자리 잡았습니다.

→ 오늘 김수환 추기경을 떠나보낸 명동성당은, 그의 **재임기간에** 민주화의 성지로 자리 잡았습니다.

→ 오늘 김수환 추기경을 떠나보낸 명동성당은, 그의 **재임 동안** 민주화의 성지로 자리 잡았습니다.

→ 오늘 김수환 추기경을 떠나보낸 명동성당은, 그의 **재임 때** 민주화의 성지로 자리 잡았습니다.

4. 개막식을 갖다

인천에서 큰 축제가 시작됐다. 국내외 130여 도시가 참가해 각기 고유한 문화와 미래비전을 알리는 세계도시축전이란다. 송도 신도시 개발을 계기로 국제적인 도시로 거듭나려는 인천시의 야심이 담긴 행사인 듯하다. 축하할 일이다. 서울뿐 아니라 전국의 모든 도시가 각각 자생능력을 갖고 성장해가야 나라 전체가 산다. 그러기 위해서는 큰 도시는 큰 도시대로, 작은 도시는 작은 도시대로 특성과 장점을 살려야 한다. 유행을 좇는 비슷비슷한 개발로는 성공할 수 없다. 집안싸움까지 해서는 더욱 곤란하다. 인천의 송도와 전북의 새만금, 경기도 고양시, 경기도 화성 전곡항까지도 '한국의 두바이', '제 2의 두바이'를 내세우며 국제 금융도시를 지향하고 있다. 이래선 경쟁력을 갉아먹을 뿐이다. 게다가 '두바이의 환상'은 금융위기를 겪으며 이미 깨지지 않았는가?

인천세계도시축전이 오늘 **개막식을 갖고** 80일간의 대장정에 들어갔습니다. 인천

송도 도시축전 주행사장을 연결해보겠습니다.
OOO 기자! 도시축전이 이제 공식적인 막을 올렸는데요, 행사장 분위기는 어떻습니까?

네, 이곳 행사장엔 지금 도시축전을 보기 위해 찾아온 많은 관람객들의 발길이 이어지고 있는데요….

'가지다'라는 말에는 '모임을 치르다'라는 뜻도 있다. 하지만 본디는 '지니다', 곧 소유의 뜻이다. 그래서 '개막식을 갖고'라는 표현이 사전적이나 문법적으로는 틀리지 않았다 해도 영 어색하다. '개막식을 열고' 정도로 고치는 게 낫겠다. 모임은 '하다', '열다', '치르다'와는 어울려도 '가지다'와는 어울리지 않는다는 게 글쓴이가 가진 우리말 정서다.

'교류를 가지다', '왕래를 가지다', '관계를 가지다'처럼 관련을 맺는다는 뜻으로도 '~가지다'가 쓰이는데 이 역시 '교류하다', '왕래하다', '관계하다'가 더 자연스럽고 간결하다. '~가지다'를 쓰면 그 관계맺음이 좀더 강조되는 듯한 약간의 의미 차이가 있긴 하다.

2009. 8. 7

오바마 대통령은 상원인준 직후 **기자회견을 갖고** 감사의 뜻과 함께 기대감을 표시했습니다.

➜ 오바마 대통령은 상원인준 직후 **기자회견을 열고** 감사의 뜻과 함께 기대감을 표시했습니다.

➜ 오바마 대통령은 상원인준 직후 **기자회견을 열어** 감사의 뜻과 함께 기대감을 표시했습니다.

한나라당과 민주당이 원내대표 **회동을 갖고** 협상을 시작해 결과가 주목됩니다.

➜ 한나라당과 민주당이 원내대표 **회동을**[1] **하고** 협상을 시작해 결과가 주목됩니다.

백용호 신임 국세청장이 오늘 **취임식을 갖고** 공식업무를 시작했습니다.

➜ 백용호 신임 국세청장이 오늘 **취임(식을) 하고** 공식업무를 시작했습니다.

오는 6일 중국에서 열리는 아시아 농구선수권에 출전할 농구 대표팀이 **결단식을 가졌는데요**, 허재 감독은 쉽지는 않지만 아시아 정상에 도전하겠다는 당찬 포부를 밝혔습니다.

➜ 오는 6일 중국에서 열리는 아시아 농구선수권에 출전할 농구 대표팀이 **결단식을 치렀는데요**, 허재 감독은 쉽지는 않지만 아시아 정상에 도전하겠다는 당찬 포부를 밝혔습니다.

---

1) '회동'이라는 한자어를 쓰지 않고 '한나라당과 민주당 원내대표가 만나 협상을 시작해 결과가 주목됩니다'로 쓰면 어떤가? 또, 협상은 어차피 만나야 할 수 있는 것이니 '회동을 갖고'나 '만나'를 생략하고 '한나라당과 민주당이 원내대표 협상을 시작해 결과가 주목됩니다'로 쓰면 군더더기 없이 더 간결한 문장이 된다.

북한을 제외한 6자회담 참가국들이 잇따라 **양자회담을 가졌습니다.**

➜ 북한을 제외한 6자회담 참가국들이 잇따라 **양자회담을 열었습니다.**

농민단체들이 남북의 화해를 기원하며 북으로 보낼 통일쌀의 **모내기 행사를 가졌습니다.**

➜ 농민단체들이 남북의 화해를 기원하며 북으로 보낼 통일쌀의 **모내기 행사를 열었습니다.**

➜ 농민단체들이 남북의 화해를 기원하며 북으로 보낼 통일쌀의 **모내기를 했습니다.**

이 대통령은 이어 엄마들과 **간담회를 갖고** 저출산 극복과 여성의 경제활동을 위해서는 영유아 보육이 무엇보다 중요하다며 맞벌이 부부에 대한 보육료 지원과 보육시설 확충, 그리고 보육교사들의 처우개선을 약속했습니다.

➜ 이 대통령은 이어 엄마들과 **간담회를 하고** 저출산 극복과 여성의 경제활동을 위해서는 영유아 보육이 무엇보다 중요하다며 맞벌이 부부에 대한 보육료 지원과 보육시설 확충, 그리고 보육교사들의 처우개선을 약속했습니다.

5. 가능성, 우려, 개연성

첨단의료복합단지의 입지가 최종 선정됐다. 대구 신서와 충북 오송이다. 두 곳에는 경사가 났다. 국가가 책임지고 5조 원이 넘는 어마어마한 재원을 투자해 새로운 성장동력산업을 육성하겠다니 두 손 들어 환영할 일이다. 그러나 그동안 유치희망지역 사이에 과열경쟁이 정도를 넘어 유언비어와 상호비방까지 오갔고, 앞으로도 그에 따른 부작용이 만만치 않을 거라고 한다. 태권도공원이나 방사성폐기물처리장 등의 입지선정 때도 보았던 폐해다. 인기시설은 인기시설대로, 기피시설은 기피시설대로 지역끼리 경쟁을 붙여 입지를 정할 때마다 비슷한 현상이 되풀이된다.

선의의 경쟁을 통해 최적의 입지를 찾는 건 좋지만 지역의 과열경쟁이 국가적인 낭비로 이어지니 문제다. 더욱이 정부가 이를 적절히 제어하고 조정하기는커녕 정치적 논리에 휘둘려 원칙을 어겨가며 혼란을 부추기니 더 큰 문제다. 이번에도 어김없이 애초의 원칙과 계획은 무너졌다.

두 곳으로 정한 이유는 경쟁유도 효과가 있고 선진국의 사례도 참조했다고 했습니다.

전재희(보건복지가족부 장관): "지역특성에 따라 특화할 수 있다는 점이 참고됐고 단수보다는 서로 경쟁하면서 선의의 경쟁관계에 있을 때 가속화할 수 있다고 판단했습니다."

하지만 당초[1] 1곳에 시설을 짓겠다던 계획을 수정한 것이어서 논란도 예상됩니다. 또 유치지역 2곳의 기능을 어떻게 나눌지는 앞으로 협의하기로 했지만 **중복투자 가능성도 있어** 남겨진[2] 숙제가 됐습니다. 유치신청을 낸 지자체는 무려 10곳, 탈락한 8곳은 이미 유치경쟁에 엄청난 예산을 쏟아 부은 뒤입니다.

'가능성'은 앞으로 실현될 수 있는 성질로 긍정의 뜻이 강하다. '우려'는 그럴 것에 대한 근심과 걱정으로, 당연히 부정의 뜻이다. 위 예문에서 중복투자는 바람직하지도 않고 누구도 원하는 일이 아니다. 그러니 '가능성'보다는 '우려'가 더 잘 어울리겠다.

비슷한 쓰임으로 '개연성'이 있는데, 절대적으로 확실하지는 않지만 아마도 그럴 것으로 생각되는 때에 쓴다. 딱히 긍정도 부정도 아닌, 굳이 따지자면 중립의 느낌이다.

'우려'나 '개연성'을 써야 할 곳에도 '가능성'을 쓰는 일이 많은데 앞뒤 문맥에 따라 달리 골라 써야 맞다.

2009. 8. 10

1) '당초'보다는 '애초'가 더 나은 표현이다. 뒤에서 살펴보자.

2) '남은'이 맞다.

돼지고기나 돼지로 만든 제품을 섭취한다고 해서 바이러스에 **감염될 가능성**은 없다고 덧붙였습니다.

➜ 돼지고기나 돼지로 만든 제품을 섭취한다고 해서 바이러스에 **감염될 우려**는 없다고 덧붙였습니다.

한편에선 이번 사태 자체가 북한이 꾸민 **계략일 가능성**도 제기됐습니다.

➜ 한편에선 이번 사태 자체가 북한이 꾸민 **계략일 개연성**도 제기됐습니다.

여야 원내대표가 만나 돌파구를 모색할 예정이지만 서로의 입장[3]을 고수하고 있어 **협상이 장기화될 가능성**도 제기됩니다.

➜ 여야 원내대표가 만나 돌파구를 모색할 예정이지만 서로의 입장을 고수하고 있어 **협상이 장기화될**[4] **우려도** 제기됩니다.

➜ 여야 원내대표가 만나 돌파구를 모색할 예정이지만 서로의 입장을 고수하고 있어 **협상이 장기화될 개연성도** 제기됩니다.

해커 한 명의 단독범행이라기보다 조직적 **범행일 가능성**이 높다는 점도 또 다른 특징입니다.

➜ 해커 한 명의 단독범행이라기보다 조직적 **범행일 개연성**이 높다는 점도 또 다른 특징입니다.

다른 인부들이 구하려다 함께 **질식했을 가능성** 등 여러 추측만 나올 뿐입니다.

➜ 다른 인부들이 구하려다 함께 **질식했을 개연성** 등 여러 추측만 나올 뿐입니다.

---

3) '입장'은 일본말의 찌꺼기다. '태도'나 '방침', '자세', '의견' 따위로 바꾸면 된다.
4) '장기화되다'가 맞을지 '장기화하다'가 맞을지, 여기에 대해서는 바로 다음에 자세히 살펴보기로 한다.

미국에서는 주요 인터넷 사이트에 대한 **일제 공격 가능성도** 제기됐습니다.

→ 미국에서는 주요 인터넷 사이트에 대한 **일제 공격 우려도** 제기됐습니다.

기초미달 비율이 높은 지역의 경우 낙인효과를 줘서 **기피지역이 될 가능성**이 있습니다.

→ 기초미달 비율이 높은 지역의 경우 낙인효과를 줘서 **기피지역이 될 우려**가 있습니다.

저축은행을 제외한 금융권의 프로젝트 파이낸싱 대출 70조 원 가운데 7%가량은 **부실가능성**이 큰 것으로 나타났습니다.

→ 저축은행을 제외한 금융권의 프로젝트 파이낸싱 대출 70조 원 가운데 7%가량은 **부실우려**가 큰 것으로 나타났습니다.

6. ~화되다? ~화하다!

한 달 가까이 입원하고 있는 김대중 전 대통령이 생과 사를 넘나드는 모양이다. 워낙 고령이어서 회복이 쉽지 않다고 한다. 가슴이 아리다. 2009년, 우리는 노무현 전 대통령에 이어 어쩌면 또 한 명의 전직 대통령을 잃게 되려나 보다. 김영삼 전 대통령이 문병을 했다. 그리고 화해를 말했다. 민주화의 두 거목으로 불리는 두 사람의 화해는 분명 반길 일이다. 하지만 YS는 불과 얼마 전까지도 DJ에게 저주에 가까운 독설을 일방적으로 내뱉지 않았던가? 민주주의의 위기를 걱정하는 DJ에게 입을 다물라고 일갈하지 않았던가? 그런 그가 지금 의식도 없이 누워있는 DJ를 슬며시 찾아와 아무 일 없었다는 듯 화해 운운하는 건 왠지 좀 뻔뻔하고 염치없는 일 아닌가?

> 병세가 위중한 김대중 전 대통령 대신 부인 이희호 여사를 만나 양김의 특별한 관계를 회고했고 이 여사도 감사의 말로 답했습니다.
> 김영삼 전 대통령: (오늘 방문을 두 분의 화해로 봐도 되겠습니까?) "아 그렇게 봐도

좋죠, 이제 그럴 때가 된 것 아닙니까."

두 사람의 경쟁관계는 꼭 40년 전인 지난 1969년 '40대 기수론'으로 **본격화됐고**, 70년 대선후보 경선에선 DJ가 승리합니다. 민주화를 위해 함께 싸웠지만 87년 대통령직선제를 쟁취하고도 후보단일화에 실패했습니다.

접미사 '화'(化) 뒤에는 '하다'와 '되다', '시키다' 따위가 붙는다. 어떻게 가려 쓰는 게 맞을까? 보통은 원칙 없이 '~화하다'보다는 '~화되다'를 훨씬 더 익숙하게 많이 쓰는데, 바람직하지 않다. 앞의 명사가 스스로 움직이거나 변하면, 곧 능동이면 반드시 '~화하다'로 쓰고, 피동이면 '~화되다'로 쓰는 게 기본원칙이다. 일상 언어생활에서는 능동인지 피동인지 분명히 구분하기 힘들 때도 많은데 이때도 되도록이면 '~화하다'를 쓰는 게 좋다. 위 예문에서도 '경쟁관계'는 누가 일부러 만든 것이 아니기 때문에 굳이 피동으로 쓸 필요 없이 '본격화했고'로 표현하는 게 더 낫겠다.

또, '~화시키다'는 그른 표현이다. '화'를 사전에서 찾아보면, '그렇게 만들거나 됨을 뜻하는 접미사', 또는 '일부 명사 뒤에 붙어, 그 명사가 뜻하는 대로 됨을 나타냄'으로 풀이하고 있다. 굳이 '시키다'를 붙여 사동의 뜻을 더할 이유가 없다. '시키다'를 붙인 표현의 잘못은 다음에 더 자세히 살핀다. 그리고 웬만하면 '~화'라는 표현은 삼가는 게 좋다. 특히 '가속', '노후', '차별', '간소', '비대'와 같이 뒤에 '하다'를 붙이면 동사나 형용사가 되는 경우 굳이 '~화하다'로 쓸 이유가 없다. 되도록 더 쉽고 편하게 써야 한다.

2009. 8. 10

여야 원내대표가 만나 돌파구를 모색할 예정이지만 서로의 입장[1]을 고수하고 있어 **협상이 장기화될 가능성**도 제기됩니다.

➜ 여야 원내대표가 만나 돌파구를 모색할 예정이지만 서로의 입장을 고수하고 있어 **협상이 장기화할** 우려[2]도 제기됩니다.

➜ 여야 원내대표가 만나 돌파구를 모색할 예정이지만 서로의 입장을 고수하고 있어 **협상이 길어질** 우려도 제기됩니다.

➜ 여야 원내대표가 만나 돌파구를 모색할 예정이지만 서로의 입장을 고수하고 있어 **협상이 늘어질** 우려도 제기됩니다.

하지만 이번 **조치가 가시화되는** 일주일 정도 뒤면 입출경 인원과 차량은 크게 늘어날 전망입니다.[3]

➜ 하지만 이번 **조치가 가시화하는** 일주일 정도 뒤면 입출경 인원과 차량은 크게 늘어날 전망입니다.

➜ 하지만 이번 **조치가 (눈에 보이게) 드러나는** 일주일 정도 뒤면 입출경 인원과 차량은 크게 늘어날 전망입니다.

240만 재외국민 표심을 잡기 위한 정치권의 **노력이 본격화된 것입니다.**

➜ 240만 재외국민 표심을 잡기 위한 정치권의 **노력이 본격화한 것입니다.**

➜ 정치권이 240만 재외국민 표심을 잡기 위한 **노력을 본격화한 것입니다.**

---

1) '방침'이나 '주장' 정도로 고쳐 쓰자.

2) 앞서 살펴본 것처럼 '가능성' 대신 '우려'가 적합하다.

3) '~할 전망입니다'라는 표현에 대해서는 다음에 자세히 살펴본다.

이런 현상은 지난 2007년 간호등급제가 시행되면서 **더욱 가속화되고 있습니다.**

➜ 이런 현상은 지난 2007년 간호등급제가 시행되면서 **더욱 가속화하고 있습니다.**

➜ 이런 현상은 지난 2007년 간호등급제가 시행되면서 **더욱 빨라지고 있습니다.**

평택시는 오늘 오전에는 쌍용차가 파산 직전까지 와 있다며 이달 말까지 협상을 재개해 **쌍용차를 정상화시키라는** 요구가 담긴 시민 17만 명의 서명을 노사 양측에 전달하기도 했습니다.

➜ 평택시는 오늘 오전에는 쌍용차가 파산 직전까지 와 있다며 이달 말까지 협상을 재개해 **쌍용차를 정상화하라는** 요구가 담긴 시민 17만 명의 서명을 노사 양측에 전달하기도 했습니다.

공공노조도 이번 경영평가가 **노조를 무력화시키겠다는** 정부의 방침을 일방적으로 밀어붙이기 위한 것이라고 비판했습니다.

➜ 공공노조도 이번 경영평가가 **노조를 무력화하겠다는** 정부의 방침을 일방적으로 밀어붙이기 위한 것이라고 비판했습니다.

➜ 공공노조도 이번 경영평가가 **노조를 힘없게 하겠다는** 정부의 방침을 일방적으로 밀어붙이기 위한 것이라고 비판했습니다.

과거 치부에 대한 반성과 미래 평화를 향한 간절한 바람이 언어의 장벽을 넘어 용서와 화해, 감동으로 **승화되고** 있습니다.

➜ 과거 치부에 대한 반성과 미래 평화를 향한 간절한 바람이 언어의 장벽을 넘어 용서와 화해, 감동으로 **승화하고** 있습니다.

7. '벌이다'와 '하다'

5공의 망령이 되살아나는 듯하다. 국군기무사령부가 민간인 사찰을 한 정황이 드러난 것이다. 1990년, 기무사의 전신인 국군보안사령부가 민간인 불법사찰을 조직적으로 자행해온 사실이 윤석양 이병의 양심선언으로 밝혀졌다. 그 뒤로 더 이상 민간인 사찰을 하지 않고 있다던 기무사의 공언은 새빨간 거짓이었던가? 해명도 궁색하다. 진실을 철저히 밝혀야 한다. 정권 차원에서 기무사가 민간인 사찰을 다시 하고 있는 건지, 기무사의 독자적인 과잉활동이었는지, 단지 해당 조직원의 과잉충성이었는지, 그도 아니면 기무사의 해명대로 정상적인 수사활동에 포함되는 일이었는지 모두가 이해할 수 있게 진실을 밝혀야 한다. 진실의 단초는 이미 있다. 이명박 대통령은 취임 직후 기무사령관의 대통령 대면보고를 폐지 5년 만에 되살렸다.

특히 고급아파트 출입에 소형차는 곤란하다거나, 필요장비가 탑재된 승합차 구입 등의 요구사항 등이 적힌 것으로 미뤄 조직적이고 장기적인 사찰이 이뤄졌다고 주장했습니다. 또, 민노당 당직자의 집과 집회현장 등이 찍힌 동영상도 공개했습니다.

이정희 의원(민주노동당): "한동안 잠잠했던 기무사의 민간인 불법사찰이 이명박 정부 아래 체계적인 지원 속에서 활개를 펴고 있음을 알 수 있습니다."

이에 대해 기무사는 문제의 수첩은 소속 수사관 신 모 대위의 것이라면서, 평택역 집회 당시 적법한 **수사활동을 벌이다** 시위대로부터 집단폭행을 당한 뒤 빼앗긴 것이라고 해명했습니다.

'벌이다'라는 동사에는 '일을 계획하거나 시작하여 펼쳐 놓다'란 뜻이 있다. 그러나 어떠한 행동과 작용을 나타내는 동사로 가장 널리 쓰이는 건 '하다'이다. 그래서 위 예문이 문법적으로나 사전적으로 틀린 말은 아니지만, '수사활동을 하다'나 아예 '수사를 하다'로 쓰는 게 훨씬 간결하고 쉽다.

언어 관습적으로 '벌이다'는 '하다'에 비해 뭔가 더 조직적이고 체계적으로 준비해 진행한다는 의미가 실려 있으니 반드시 그런 쓰임이 필요할 때에는 '벌이다'를 쓰는 게 맞지만 나머지 대부분은 '하다'를 쓰는 게 바람직하다. '하다'가 충분한데도 '벌이다'를 쓰면 괜히 어수선하다.

2009. 8. 12

예

얼굴을 가린 남성들이 건물옥상에서 망루를 설치하고 **농성을 벌이고** 있습니다.

➜ 얼굴을 가린 남성들이 건물옥상에서 망루를 설치하고 **농성**(을) **하고** 있습니다.

소방관 백여 명이 출동해 화재진화와 함께 **구조활동을 벌이고** 있습니다.

➜ 소방관 백여 명이 출동해 화재진화[1] 와 함께[2] **구조활동을 하고** 있습니다.

폭우로 피해를 입은 부산, 경남 일대와 호남지방엔 주민과 공무원들이 동원돼 **복구작업을 벌이고** 있습니다.

➜ 폭우로 피해를 입은[3] 부산, 경남 일대와 호남지방엔[4] 주민과 공무원들이 동원돼 **복구작업**[5] **을 하고** 있습니다.

각종 의혹의 유출경위에 대해 검찰이 **내사를 벌이고** 있는 것으로 밝혀졌습니다.

➜ 각종 의혹의 유출경위를[6] 검찰이 **내사**(를) **하고** 있는 것으로 밝혀졌습니다.

---

1) '화재진화'는 겹친 표현이다. 그냥 '진화'가 맞다.
2) '함께'와 뒤에 나오는 '활동'도 굳이 필요 없는 말이다. 바로잡자. '소방관 백여 명이 출동해 진화와 구조를 하고 있습니다.'
3) '피해를 입다'는 표현은 잘못이다. '피해를 본', '해를 입은' 정도로 고쳐 쓰는 게 맞는데 뒤에서 살펴보자.
4) '~에'와 '~에서'는 구분해 써야 한다. 여기서는 '~에서'가 맞다. 뒤에서 자세히 다룬다.
5) '작업'도 불필요한 단어다. '주민과 공무원들이 동원돼 복구를 하고 있습니다'로 바로잡자.
6) 앞서 지적한 대로 '경위를'이라고 쓰는 게 좋겠다.

본회의장 안팎에서는 입장하려는 한나라당 의원들과 이를 막으려는 민주당 관계자들이 곳곳에서 **몸싸움을 벌이고** 고성을 주고받고 있습니다.

→ 본회의장 안팎에서는 입장하려는 한나라당 의원들과 이를 막으려는 민주당 관계자들이 곳곳에서 **몸싸움을 하고** 고성을 주고받고 있습니다.

한편 공사업체 CCL 코리아측은 어제 한국인 유족들과 1인당 3억 원 정도의 보상금을 지급하기로 합의했으며 구체적 장례절차에 대해 **협의를 벌이고** 있습니다.

→ 한편 공사업체 CCL 코리아측은 어제 한국인 유족들과 1인당 3억 원 정도의 보상금을 지급하기로 합의했으며 구체적 장례절차를[7] **협의하고** 있습니다.

부산의 한 초등학교에서도 학생과 학부모, 교사 등 75명이 집단발열 증세를 보여 보건당국이 **조사를 벌이고** 있습니다.

→ 부산의 한 초등학교에서도 학생과 학부모, 교사 등 75명이 집단발열 증세를 보여 보건당국이 **조사**(를) **하고** 있습니다.

7) 앞서 지적한 대로 '장례절차를'로 고치자.

8. 분명히 하다

삼성의 경영권 승계과정이 불법으로 결론 났다. 참여연대의 고소로 법정공방이 시작된 지 무려 10년이 걸렸다. 멀고 먼 길을 돌아 결국 이건희 전 삼성그룹 회장의 유죄가 인정된 것은 사필귀정, 당연한 일이다. 하지만 묘하게도 죄는 늘었는데 벌은 늘지 않았다. 법원은 조세포탈 혐의만으로 선고했던 기존의 형량 그대로 집행유예를 선고해 실형을 면하게 해줬다. 기업범죄에 대한 온정주의, 돈 앞에서 한없이 작아지는 사법부의 모습이 어김없이 되풀이됐다. 죄를 인정하고도 정작 죄 지은 자에게 벌을 주지 않는 사법부는 신뢰받을 수 없다. 법이 만인 앞에 평등하다는 말을 누가 믿고 따를 수 있겠는가? 법전과 천칭을 들고 있는 법원의 상징, 정의의 여신상 앞에 정녕 부끄럽지 않은가?

서울고등법원 형사4부는 삼성SDS 사건의 파기 환송심에서 이건희 전 삼성그룹 회장에게 징역 3년에 집행유예 5년, 벌금 1천1백억 원을 선고했습니다. 재판부는 이건희 전 회장이 자녀들에게 경영권을 물려주기 위해 불법행위를 저질러 회사에 **손해를 끼쳤다는 점을 분명히 했습니다**.
삼성 SDS가 1998년 신주인수권부사채 321만 주를 발행해 이재용 씨 등 자녀들에게 7,150원에 넘겨줬는데, 이게 "현저하게 불공정한 가격"이라고 판단했습니다. 실제 가격은 2배에 가까운 14,230원이어서 삼성SDS에 227억 원의 손해를 입혔다는 겁니다.

'분명히'는 부사다. 뒷말을 꾸며주는 말이니까 그 문장은 '분명히'를 빼더라도 완전하게 성립해야 한다. 그런데 위 문장에서 '분명히'를 지우면 '회사에 손해를 끼쳤다는 점을 했습니다'로 비문이다. '손해를 끼쳤다는 점을' 도대체 어찌했다는 것인지도 드러나지 않는다. 따라서 위 문장은 '회사에 손해를 끼쳤다는 점을 분명히 밝혔습니다', 또는 '회사에 손해를 끼쳤다는 점을 분명히 인정했습니다'와 같이 고쳐 써야 한다. 최근 방송기사에서 늘고 있는 '분명히 했습니다'라는 표현은 분명히 잘못됐다.

단, '김 의원은 그 법안에 찬성을 분명히 했습니다'의 형태에서는 '분명히'를 빼도 문장이 온전한데, 이는 '찬성을'과 '분명히'의 어순을 바꿔 쓴 데 따른 것으로 봐야 한다. 이럴 때는 '분명히 했습니다'가 틀리지 않다.

2009. 8. 14

예

특히 한나라당에서는 박근혜 전 대표가 법안 강행처리에 반대하는 **입장[1]을 분명히 했고** 이상득 의원도 속도 조절론을 제기했습니다.

➜ 특히 한나라당에서는 박근혜 전 대표가 법안 강행처리에 반대하는 **입장을 분명히 밝혔고** 이상득 의원도 속도 조절론을 제기했습니다.

이스라엘은 공격을 계속하면서 결의안을 거부했고 하마스도 **거부 입장[2]을 분명히 했습니다.**

➜ 이스라엘은 공격을 계속하면서 결의안을 거부했고 하마스도 **거부 입장을 분명히 밝혔습니다.**

자유선진당 이회창 총재는 한나라당이 미디어법 협상과정에서 정책의 **정체성을 분명히 해야 한다고** 말했습니다.

➜ 자유선진당 이회창 총재는 한나라당이 미디어법 협상과정에서 정책의 **정체성을 분명히 지켜야 한다고** 말했습니다.

➜ 자유선진당 이회창 총재는 한나라당이 미디어법 협상과정에서 정책의 **정체성을 분명히 유지해야 한다고** 말했습니다.

미국은 시리아와의 관계를 정상화할 **뜻이 없음을 분명히 했다고** 이스라엘 일간 〈하레츠〉가 보도했습니다.

➜ 미국은 시리아와의 관계를 정상화할 **뜻이 없음을 분명히 밝혔다고** 이스라엘 일간 〈하레츠〉가 보도했습니다.

---

1) '방침'이 낫다.

2) 역시 '방침'이나 '태도'로 바꿔 쓰자.

북한의 발사체를 장거리 미사일로 규정하면서, 국제사회와 함께 강경대처에 나설 **뜻을 분명히 했습니다.**

→ 북한의 발사체를 장거리 미사일로 규정하면서, 국제사회와 함께 강경대처에 나설 **뜻을 분명히 밝혔습니다.**

신영철 대법관은 공식 사과문을 발표했지만 **사퇴의사는 없음을 분명히 했습니다.**

→ 신영철 대법관은 공식 사과문을 발표했지만 **사퇴의사는 없음을 분명히 밝혔습니다.**

9. 국민들

남자골프 양용은 선수가 메이저대회 우승소식을 알려왔다. 아시아인 첫 메이저 우승이다. 그것도 골프황제 타이거 우즈 선수를 꺾은 장한 우승이다. 이런 뉴스를 들을 때마다 우리나라 운동선수들 참 대단하다는 생각이 든다. 땅도 좁고 인구도 많지 않은 나라에서 세계 최강, 세계 최고 선수들이 줄줄이 나온다. 기적인가? 우연인가? 아닐터다. 정상에 선 선수들, 아니 정상에 서기 위해 훈련하는 모든 선수들이 남모르는 고통 속에 땀을 흘린다. 그래서 그들의 성공은 장엄하기까지 하다. 무명시절 비닐하우스 파이프를 잘라 스윙연습을 했다는 양용은 선수의 뒷얘기도 어김없이 큰 감동을 남긴다. 그런데 지도자가 선수들을, 선배선수가 후배선수들을 때려가며 운동시키는 일이 여전히 비일비재한 현실을 떠올리면 '스포츠강국 코리아'가 자랑스럽지만은 않다. 목표를 위해서라면 어떠한 방법도 다 용인되는 약육강식의 무한경쟁은 끔찍한 일이다. 스포츠에서도, 공교육에서도….

최종합계 8언더파. 우즈를 세 타차로 따돌리고 극적인 역전우승을 차지했습니다. 한국은 물론 아시아인 처음으로 메이저대회 정상의 기쁨도 누렸습니다.

양용은: "당분간은 PGA 투어에서 시합할 수 있는 행운이 있어 ⋯."

아시아 선수는 메이저대회 우승이 어렵다는 인식, 제주 출신 바람의 아들 양용은 이 말끔히 날려 버렸습니다.
양용은의 선전에 이명박 대통령은 어려운 환경을 극복하고 이뤄낸 인간승리로 **국민들**의 사기를 올려줬다며 전화를 걸어 치하했습니다.

'국민'은 사전적 의미로 '국가를 구성하는 사람 또는 그 나라의 국적을 가진 사람', '한 나라의 통치권 밑에 같은 국적을 가진 사람'이다. 국가구성원 한 명 한 명을 가리키기도 하지만 보통 구성원 전체를 일컫는 느낌이 강하다. 곧 집합적 개념으로 쓰인다. 따라서 '국민들'이라고 복수를 나타내는 의존명사를 붙여 쓰면 어색하다.

'국민들'은 '한국과 일본과 중국, 세 나라의 국민들은'처럼 여러 나라의 국민을 함께 가리킬 때에나 써야 맞다.

2009. 8. 17

예

평생 **국민들에게** 희망과 용기를 주고 민주화에 공헌한 노고에 경의를 표하며, 깊은 애도의 뜻을 전했습니다.

→ 평생 **국민에게** 희망과 용기를 주고 민주화에 공헌한 노고에 경의를 표하며, 깊은 애도의 뜻을 전했습니다.

진보신당 노회찬 공동대표는 현 정권의 소통부재를 혹평하면서 **국민들은** 대통령에게 보청기를 선물하고 싶어 한다고 꼬집었습니다.

→ 진보신당 노회찬 공동대표는 현 정권의 소통부재를 혹평하면서 **국민은** 대통령에게 보청기를 선물하고 싶어 한다고 꼬집었습니다.

많은 국민들도 TV로 지켜보며 멕시코전 승리를 기뻐했습니다.

→ **많은 국민도** TV로 지켜보며 멕시코전 승리를 기뻐했습니다.

비록 결승에 진출했지만 한국만 만나면 약해지는 일본 대표팀. 그래서 **일본 국민들은** 오늘 승리를 기뻐하면서도 내일 한국전에 불안해하고 있습니다.

→ 비록 결승에 진출했지만 한국만 만나면 약해지는 일본 대표팀. 그래서 **일본 국민은** 오늘 승리를 기뻐하면서도 내일 한국전에 불안해하고 있습니다.

국민들의 눈과 귀는 전직 대통령의 갑작스런 서거소식에 쏠렸습니다.

→ **국민의 눈과 귀는** 전직 대통령의 갑작스런 서거소식에 쏠렸습니다.

전 국민 건강보험 시대라지만 이렇게 정작 **국민들이** 많이 받는 치료는 보험이 안 되는 경우가 많았습니다.

→ 전 국민 건강보험 시대라지만 이렇게 정작 **국민이** 많이 받는 치료는 보험이 안 되는 경우가 많았습니다.

10. 당선되다? 당선하다!

그가 갔다. 대한민국의 한 시대가 그의 타계와 함께 역사가 되었다. 그는 곧 양심이었고 그는 곧 민주였다. 그는 곧 평화였고 그는 곧 통일이었다. 그는 국민에게 사랑을 고백한 첫 대통령이었다. 아니 앞으로 더는 나오지 않을 유일한 대통령인지 모른다. "사랑하고 존경하는 국민 여러분!" 이렇게 시작하던 그의 연설을 이제는 더 이상 들을 수 없다. 노무현 전 대통령의 급작스런 서거에 "내 몸의 반이 무너진 것 같다"며 통곡했던 그. "민주주의가 위기에 처했다"고 안타까워하고 "행동하는 양심"을 역설하면서 마지막까지 국가와 민족을 향한 열정을 잃지 않았던 그. 그래서 그에게서 진정 사랑받았던 우리도 지금 몸의 반을 잃은 듯하다.

김대중 전 대통령은 1924년 전남 목포 앞바다의 조그만 섬 하의도에서 태어났습니다. 1954년 3대 총선을 시작으로 세 번이나 낙선의 고배를 마신 끝에 61년 강원도 인제 보궐선거에서 **당선됐지만** 5·16 쿠데타로 의원선서조차 못하는 불운을 겪게

됩니다.

1963년 6대 총선 때 처음으로 국회에 진출한 뒤 1970년, '40대 기수론'을 앞세워 숙명의 라이벌 김영삼 전 대통령을 누르고 제1야당의 대통령 후보로 선출됐습니다. 하지만 이듬해 7대 대선에서는 46%의 높은 득표율을 기록하고도 박정희 당시 대통령에게 90만 표 차로 패배했습니다.

'당선하다'는 '선거에서 뽑히다. 또는 심사나 선발에서 뽑히다'의 뜻을 지닌 동사다. 사전풀이에 따르면 '당선되다'도 똑같은 뜻이다. '낙선'도 마찬가지다. '낙선하다', '낙선되다' 둘 다 사전에서 인정하는 똑같은 뜻의 말이다. 그런데 방송이나 실생활에서 '당선'은 '되다'와 '낙선'은 '하다'와 주로 묶여 쓰인다. 바람직하지 않다.

'당선'은 '선거에서 뽑힘', '심사나 선발에서 뽑힘'의 뜻으로 이미 스스로 피동의 의미를 지닌 명사다. '되다'를 써서 굳이 피동의 뜻을 다시 더할 필요가 없다. '당선되다'보다 '당선하다'가 어색하지만 더 맞는 표현이다.

2009. 8. 18

예

폭력에 의존해 민주적 절차를 무시해도 다음 선거에 **당선만 되면** 그만이라는 정치풍토 아래서 개개 의원은 집단의 논리에 빠져들 뿐 소신을 보이기 어렵다는 것입니다.

➜ 폭력에 의존해 민주적 절차를 무시해도 다음 선거에 **당선만 하면** 그만이라는 정치풍토 아래서 개개 의원은 집단의 논리에 빠져들 뿐 소신을 보이기 어렵다는 것입니다.

탈당했다 **당선돼** 복당한 친박의원들이 있는 지역구에서는 현역의원과 원외 당협위원장의 신경전이 치열합니다.

➜ 탈당했다 **당선해** 복당한 친박의원들이 있는 지역구에서는 현역의원과 원외 당협위원장의 신경전이 치열합니다.

범 진보세력 후보로 출마한 김상곤 한신대 교수가 **당선됐습니다**.

➜ 범 진보세력 후보로 출마한 김상곤 한신대 교수가 **당선했습니다.**

경기 시흥시장에는 민주당 김윤식 후보가 **당선됐습니다**.

➜ 경기 시흥시장에는 민주당 김윤식 후보가 **당선했습니다.**

한인 1.5세인 티나 박 후보가 현직 상대후보를 제치고 **당선된 것입니다**.

➜ 한인 1.5세인 티나 박 후보가 현직 상대후보를 제치고 **당선한 것입니다.**

전북 출신 민주당 의원들과 당 지도부는 무소속 연대는 해당행위로 **당선되든 안 되든** 복당은 없다며 맞섰습니다.

➜ 전북 출신 민주당 의원들과 당 지도부는 무소속 연대는 해당행위로 **당선하든 안 하든** 복당은 없다며 맞섰습니다.

11. 가능성이 높아?

북한이 고 김대중 전 대통령 조문단을 보내기로 했다. 클린턴 전 미국 대통령의 방북과 현정은 현대그룹 회장의 김정일 위원장 면담에 이은 호재다. 북한이 최고위급 조문단을 보내는 것은 고 김 전 대통령에 대한 예우뿐 아니라 국면전환의 의지로도 읽힌다. 아니 설사 북한이 그런 의지를 안 갖고 있더라도 우리 정부는 관계개선을 위해 북한 조문단을 주도적으로 만나야 한다. 만나서 얼어붙은 남북관계를 반전시킬 물꼬를 터야 한다. 북한의 이른바 '통민봉관' 전술에 말려들지 않겠다며 만나는 걸 꺼릴 게 아니다. 고인의 숭고한 뜻을 진정으로 받드는 것은 국장을 치르면서 말로만 추모하는 것이 아니라 남북협력과 평화의 길로 되돌아가는 것이다. 북한 조문단 방문은 고 김대중 전 대통령이 우리에게 남긴 마지막 선물이다.

노동당 비서 김기남을 단장으로 하는 조문단은 곧바로 김정일 위원장의 조화를 들고 고 김대중 전 대통령 빈소를 방문할 예정입니다. 통일부는 조문단은 빈소방문 외에는 정해진 일정이 없으며 김대중 평화센터와 통일부 관계자가 응대할 계획이라고 밝혔습니다.

그러나 김정일 위원장의 최측근이자 노동당 비서인 김기남, 대남정책을 총괄하는 통일전선부장 김양건 등 중량감 있는 면면을 볼 때 당국간 **추가접촉 가능성이 높아 보입니다**.

'가능성'이 어떠하다고 서술하는 말로는 '높다'와 '작다', '크다'와 '작다', '있다'와 '없다', '많다'와 '적다' 등이 섞여 쓰인다. 그런데 '가능성은' 앞으로 뭔가가 이뤄질 수 있는 성질이다. 수치나 비율이 아니다. 수치나 비율을 설명할 때는 '높다'와 '낮다'를 써야겠지만 성질을 설명할 때는 '크다'와 '작다', 아니면 '있다'와 '없다'를 써야 한다. '많다', '적다'하고도 어울리지 않는다. 성질은 하나 둘, 개수로 셀 수 없기 때문이다. 위 예문은 '추가접촉 가능성이 커 보입니다'로 고쳐 쓰는 게 맞다. 효율성, 공공성, 수익성, 투명성 따위도 마찬가지다.

2009. 8. 20

예

경찰은 강호순이 자백한 7건의 범행 외에 여죄가 있을 **가능성이 높다고 보고** 곧 나올 감식결과를 주목하고 있습니다.

➜ 경찰은 강호순이 자백한 범행 7건[1] 외에 여죄가 있을 **가능성이 크다고 보고** 곧 나올 감식결과를 주목하고 있습니다.

이 전무가 보유한 삼성전자 등 주식 상당수는 1998년 결혼 이전에 취득한 것이어서, 재산분할 대상이 아닐 **가능성이 높습니다**.

➜ 이 전무가 보유한 삼성전자 등 주식 상당수는 1998년 결혼 이전에 취득한 것이어서, 재산분할 대상이 아닐 **가능성이 큽니다**.

지난 97년 외환위기 당시 금융지원을 주도했던 로버트 루빈 전 미 재무장관은 한국의 위기극복 시스템이 개선돼 제2의 외환위기가 올 **가능성은 매우 낮다고** 진단했습니다.

➜ 지난 97년 외환위기 당시 금융지원을 주도했던 로버트 루빈 전 미 재무장관은 한국의 위기극복 시스템이 개선돼 제2의 외환위기가 올 **가능성은 매우 작다고** 진단했습니다.

이번에도 자살폭탄 테러일 **가능성이 높은데**, 그렇다면 우리 차량의 이동경로와 시간을 사전에 알고 기다렸다는 추정이 가능합니다.

➜ 이번에도 자살폭탄 테러일 **가능성이 큰데**, 그렇다면 우리 차량의 이동경로와 시간을 사전에 알고 기다렸다는 추정이 가능합니다.

최근 두 경기 연속골을 기록하며 결승전 출전 **가능성도 높였습니다**.

➜ 최근 두 경기 연속골을 기록하며 결승전 출전 **가능성도 키웠습니다**.

---

1) 앞서 지적한 대로 '7건의 범행'은 '범행 7건'으로 고쳐 써야 한다.

일본 역시 핵무기의 보유·제조·반입을 금지한 비핵 3원칙이 자리 잡고 있고 미국이 일본의 핵무장을 원하지 않아 핵무장 **가능성은 낮습니다**.

➜ 일본 역시 핵무기의 보유 · 제조 · 반입을 금지한 비핵 3원칙이 자리 잡고 있고 미국이 일본의 핵무장을 원하지 않아 핵무장 **가능성은 작습니다**.

백 청장은 줄대기와 인사청탁이 발붙이지 못하도록 **투명성을 높일 수 있는** 제도적 장치를 마련하겠다고 밝혔습니다.

➜ 백 청장을 줄대기와 인사청탁이 발붙이지 못하도록 **투명성을 키울 수 있는** 제도적 장치를 마련하겠다고 밝혔습니다.

하지만, 혹시 모를 부작용에 대비하기 위해 건강보험 보장성 강화를 계속 추진하는 등 의료의 **공공성을 높이는** 노력도 필수적입니다.

➜ 하지만, 혹시 모를 부작용에 대비하기 위해 건강보험 보장성 강화를 계속 추진하는 등 의료의 **공공성을 키우는** 노력도 필수적입니다.

12. 안 되다, 안되다

주변을 돌아보면 선하게 사는 이들이 적지 않다. 힘들게 살면서도 항상 이웃을 돌아보고 조금이나마 도움을 주려고 애쓰는 이들을 보면 '세상이 이래서 굴러가는구나' 하는 생각이 들기도 한다. 얼마 전 아는 이 몇몇이 옷가지를 모으고 먹을거리를 장만해 틈틈이 보육시설과 양로시설을 찾는다는 얘기를 들었다. "아!" 하는 탄성과 함께 부끄러움으로 얼굴이 화끈거렸다. 그들 모두가 빠듯한 살림살이를 하는 비정규직에 나이 어린 후배이기에 더 그랬다. 인생역전을 꿈꾸는 허영에 찬 이들이 아니라 어려워도 주위를 둘러볼 줄 아는 선하디 선한 그들에게 '로또의 축복'이 내리길 진심으로 빌었다. 산삼을 캐 횡재한 이분도 그런 선한 사람임에 틀림없다.

> 삼을 캔 주인공은 대구에서 공인중개사를 하는 48살 김 모 씨. 지난 9일 운동 삼아 경북 영양군 일월산을 찾았다 천종산삼 군락지를 발견하는 횡재를 한 것입니다. 이날 김 씨가 캔 천종산삼은 모두 48뿌리, 총 감정가는 2억 원이 넘습니다. 김

씨는 이 가운데 상품가치가 있는 스물두 뿌리를 골라 어려운 이웃에게 써달라고 흔쾌히 내놨습니다. 하늘이 내려준 복은 **독차지해선 안된다는** 평소 어머니의 말씀을 따랐다고 합니다.

'안되다'와 '안 되다'는 의미가 다르다. '그 사람 그런 봉변을 당하다니 참 안됐어'처럼 '안'과 '되다'를 붙여 쓰면 '가엾다, 섭섭하다, 마음이 아프다'의 뜻을 가진 하나의 단어이다. '일이나 현상, 사람이 좋게 이뤄지지 않다'라는 뜻으로도 쓰인다. '그곳은 들어가면 안 됩니다'처럼 '안 되다'로 띄어 쓰면 '어떤 일을 하지 말아야 한다'는 뜻이다.

전파를 통해 목소리로 전달되는 방송기사에서는 차이를 느낄 수 없을지라도 기사를 쓰는 기자는 그 뜻을 분명히 알고 바르게 써야 한다. 더구나 요즘엔 방송기사도 인터넷을 통해 전문이 공개되니 띄어쓰기나 철자도 바르게 써야 한다.

2009. 8. 21

예

4대강 사업과 관련해서는 도산 안창호 선생의 강산개조론에 비유하면서 지역색이나 정치색이 **개입돼서는 안된다고** 못 박았습니다.

➜ 4대강 사업과 관련해서는 도산 안창호 선생의 강산개조론에 비유하면서 지역색이나 정치색이 **개입돼서는 안 된다고** 못 박았습니다.

언론의 정치적 중립성을 **강요해서는 안된다는** 주장이 제기됐습니다.

➜ 언론의 정치적 중립성을 **강요해서는 안 된다는** 주장이 제기됐습니다.

개성을 정치군사적 대립의 인질로 **삼아서는 안된다며** 이같이 밝혔습니다.

➜ 개성을 정치군사적 대립의 인질로 **삼아서는 안 된다며** 이같이 밝혔습니다.

북한의 예측할 수 없는 행동에 **굴복해선 안된다고** 밝혔습니다.

➜ 북한의 예측할 수 없는 행동에 **굴복해선 안 된다고** 밝혔습니다.

이란 대통령은 이어 변화는 근본적이어야 하고 **전략적이어서는 안된다며** 이란 국민 역시 진실한 변화라면 언제든지 환영한다고 밝혔습니다.

➜ 이란 대통령은 이어 변화는 근본적이어야 하고 **전략적이어서는 안 된다며** 이란 국민 역시 진실한 변화라면 언제든지 환영한다고 밝혔습니다.

우드 부대변인은 이어 형식에 너무 **얽매여서는 안된다며** 안보리 결의를 관철시키지 못한 것에 대한 일부의 비판을 반박했습니다.

➜ 우드 부대변인은 이어 형식에 너무 **얽매여서는 안 된다며** 안보리 결의를 관철시키지[1] 못한 것에 대한 일부의 비판을 반박했습니다.

1) '관철하지'가 맞다. 뒤에서 다룬다.

13. 여부

신종 인플루엔자가 퍼지는 속도가 예사롭지 않다. 어느새 국내 환자수가 3천 명 가까이로 늘었다. 감염경로를 알 수 없는 이른바 '지역사회 감염'이 급속히 늘면서 당국의 예방조치는 무력해졌다. 개학과 맞물려 '대유행'에 대한 우려도 나온다. 전염력은 강해도 인간에게 그리 치명적이진 않다며 낙관하던 일부의 전망도 국내에서 사망자가 나오면서 수그러들었다. 하루에도 수백 명씩 환자가 느는 상황은 불안을 넘어 공포 수준이라 할 만하다. 더 큰 공포의 대상은 이 바이러스보다도 인간의 이기심이다. 전염될까 봐 의사가 진료를 거부하고 약사가 치료약 취급을 꺼리는 현실이 바로 그것이다. 더욱이 국내 최고 수준의 시설과 의료진을 자랑하며 정부지원도 가장 많이 받아온 서울대병원이 치료 거점병원 지정을 거부한 것은 신종 인플루엔자에 감염된 것보다 더 온 국민을 아프게 하는 소식이다.

이럴 경우 이제는 보건소 대신 가까운 의료기관을 찾아야 합니다. 의사가 간단한 검진만으로 **타미플루 처방 여부를 결정합니다**. 증세가 가벼우면 일반 감기약을 처방합니다.

증상이 심각하거나 면역력이 약한 노인과 유아, 그리고 폐렴증세나 만성질환이 있는 환자가 감염증세를 보일 경우에는 **확진 여부에 관계없이** 타미플루를 처방합니다. 처방전이 있으면 거점병원이나 거점약국에서 약을 받을 수 있습니다. 본인이 원할 경우에는 최대 8만 원을 부담하고 **감염 여부를 검사할 수 있습니다**.

그리 길지 않은 기사에 '여부'라는 단어를 세 번이나 썼다. 그 뜻은 '그러함과 그러지 아니함', '틀리거나 의심할 여지'다. 세 번 모두 잘못 쓰인 건 아니지만 바람직하지 않다.

모두 '여부'라는 한자어를 쓰지 않고 쉽고 편하게 쓸 수 있다. '타미플루 처방 여부를 결정합니다'는 '타미플루를 처방할지 결정합니다'로 쓰면 된다. '확진 여부에 관계없이'는 '여부'를 생략해 '확진에 관계없이'로 써도 뜻에 아무런 차이가 없다. '감염 여부를 검사할 수 있습니다'는 '감염됐는지(를) 검사할 수 있습니다'로 고쳐 쓸 수 있다. 방송기사 문장에서 볼 수 있는 '여부'의 대부분은 잘못된 습관 때문에 붙은 말로, 생략하거나 순화해 써야 한다.

2009. 8. 23

예

10개 사회개혁 법안은 2월 상정만 합의하고 처리시점을 못 박지 않아 **통과 여부가 확실하지 않습니다**.

→ 10개 사회개혁 법안은 2월 상정만 합의하고 처리시점을 못 박지 않아 **통과될지 확실하지 않습니다.**

→ 10개 사회개혁 법안은 2월 상정만 합의하고 처리시점을 못 박지 않아 **통과가 확실하지 않습니다.**

재산보전처분 **신청에 대한**[1] **인정 여부를** 모레인 오는 12일 결정할 예정입니다.

→ 재산보전 처분 **신청을 인정할지를** 모레인 오는 12일 결정할 예정입니다.

추신수가 아시아 예선에 **출전할 수 있을지 여부가** 내일 결정됩니다.

→ 추신수가 아시아 예선에 **출전할 수 있을지가** 내일 결정됩니다.

한국인 **표적테러 여부를 밝히는** 중대 분수령이 될 것으로 보입니다.

→ 한국인 **표적테러인지를 밝히는** 중대 분수령이 될 것으로 보입니다.

로켓발사가 유엔결의를 **위배했는지 여부를** 점검하고 있다고 발표했습니다.

→ 로켓발사가 유엔결의를 **위배했는지를** 점검하고 있다고 발표했습니다.

재판부의 정확한 판결취지를 검토한 뒤 **재상고할지 여부를 결정하겠다고** 밝혔습니다.

→ 재판부의 정확한 판결취지를 검토한 뒤 **재상고할지를 결정하겠다고** 밝혔습니다.

1) 앞서 지적한 것처럼 '~에 대한'도 바르게 바꿔 쓰자.

14. 많은 ○○○들

줄기세포 논문조작의 장본인 황우석 박사에게 징역 4년이 구형됐다. 황 박사가 이룬 연구성과는 그 자체로 냉정하게 평가돼야 하지만 논문조작만큼은 변명조차 할 수 없는 잘못임이 분명하다. 학자의 양심과 윤리를 저버린 것보다 더욱 큰 문제는, 그를 믿고 지지했던 국민을 기만한 것이다. 한국이 낳은 위대한 과학자이자 노벨상 감이라며 자랑스러워하던 우리 국민을 감쪽같이 속이다가 결국엔 집단적 허탈과 무력에 빠뜨리는 결과를 부르지 않았던가? 그런데도 재판정을 오고가는 그의 미소 띤 얼굴에서는 반성하고 사죄하는 겸손한 모습보다는 내 실력을 제대로 보여줄 테니 어서 기회를 내놓으라는 식의 뻔뻔함만이 느껴진다. 논문조작 의혹을 제기한 게 음흉한 음모라고 믿는, 도무지 이해할 수 없는 '황빠'들이 아직도 건재한 탓인가?

줄기세포 논문조작 의혹으로 국민적 영웅에서 사기사건 피고인으로 추락한 황우석 박사. 장장 3년 4개월, 43차례에 걸친 1심 재판 끝에 검찰이 징역 4년을 구형

했습니다.
검찰은 한 연구자의 올바르지 못한 태도와 과욕 때문에 국민들이[1] 큰 상처를 입었다며 묵묵히 연구하는 **많은 과학자들을** 위해 엄벌이 필요하다고 밝혔습니다.
이에 변호인은 과학적 정밀성에 대한 비난은 감수하겠지만 고귀한 연구성과를 송두리째 부인해선 안 된다고 맞섰습니다.

'많은 ○○○들'은 자주 쓰이지만 우리말 표현이 아니다. 영어에서는 'many scientists'가 자연스런 표현이겠으나, 우리말에서는 '많은'에 이미 복수의 의미가 있기 때문에 '과학자' 뒤에 '들'을 붙이는 것은 군더더기다. '많은 과학자를'로 써야 한다. 영어식 표현이 워낙 많이 쓰이다 보니 오히려 제대로 된 우리 표현이 더 어색하게 들리는 안타까운 사례다.

2009. 8. 24

1) '들'을 빼고 그냥 '국민이'로 쓰는 게 좋겠다. 앞서 살펴봤다.

많은 팬들의 안타까움을 자아내기도 했는데요.

→ **많은 팬의** 안타까움을 자아내기도 했는데요.

많은 팔레스타인 민간인과 어린이들이[2] 이 무기 때문에 숨지거나 큰 화상을 입었습니다.

→ **많은 팔레스타인 민간인과 어린이가** 이 무기 때문에 숨지거나 큰 화상을 입었습니다.

서유럽의 **많은 은행들이** 동유럽에 막대한 자금을 투자해 왔기 때문입니다.

→ 서유럽의 **많은 은행이** 동유럽에 막대한 자금을 투자해 왔기 때문입니다.

장나라, 이승기, 조성모 등 **많은 가수들이** 사용한 이 제목의 노래는, 48곡이나 됩니다.

→ 장나라, 이승기, 조성모 등 **많은 가수가** 사용한 이 제목의 노래는, 48곡이나 됩니다.

화장품 바르기 순서는 **많은 여성들의** 공통된 상식.

→ 화장품 바르기 순서는 **많은 여성의** 공통된 상식.

많은 시민들이 자정 무렵까지 이어진 추모제를 지켜봤습니다.

→ **많은 시민이** 자정 무렵까지 이어진 추모제를 지켜봤습니다.

---

2) '민간인'에는 '들'을 붙이지 않고 제대로 썼는데, 왜 '어린이'에만 쓸모없는 '들'을 붙였을까? 둘 사이의 호응 차원에서도 맞지 않는다.

15. 거듭하다

로켓발사 성공으로 터져 나온 환호가 위성 궤도진입 실패 소식에 탄식으로 바뀌었다. 절반의 성공이라고 애써 자위해보기도 있지만 어쨌든 나로호 발사는 실패했다. 위성발사를 시도한 나라 가운데 첫 발사에 성공한 비율이 30%도 안 된다니 실망할 것까지야 없겠지만 아쉬움이 큰 건 어쩔 수 없다. 지난 19일 불과 7분 56초를 남기고 발사가 연기된 뒤, 차분히 더욱 철저히 준비하자는 목소리에 좀더 귀를 기울였으면 어땠을까 하는 생각 때문이다. 일부의 비판대로 러시아의 신형 로켓엔진 실험에 2천억 원을 대준 꼴이 되지 않으려면 지금이라도 이번 실패를 밑거름 삼아 서두르지 말고 제대로 다음을 준비해야 한다. 내년 4, 5월에 한 번 더 발사한다는 일정을 꼭 지킬 필요도 없다. 조급증은 일을 그르칠 뿐이다.

그리고 나로호는 발사 232초 만에 1단 로켓을 분리하고 최종목표인 위성분리를 위해 다시 발걸음을 재촉했습니다. **비행을 거듭하던** 나로호는 하지만 이륙 9분

만에 원인을 알 수 없는 이상증세를 보였습니다. 고도 306킬로미터에서 분리돼야 할 과학기술위성 2호가 이보다 36킬로미터나 높은 고도에서 잘못 떨어져 나간 겁니다.

동사 '거듭하다'는 어떠한 일을 자꾸 되풀이, 곧 반복한다는 뜻이다. 어떤 상태가 끊이지 않고 이어지는, 곧 지속이나 계속되는 것과는 다르다.

위 예문에서 나로호는 날다 멈추고 다시 나는 식으로 비행을 되풀이한 게 아니기 때문에 '비행을 거듭하던'이라는 표현은 잘못이다. '비행을 계속하던'이나 '비행을 지속하던', '비행을 유지하던' 또는 '계속 비행하던', '계속 날던' 정도로 쓰는 게 좋겠다. '거듭하다'라는 말을 '계속하다'라는 뜻으로 잘못 쓴 기사문장이 적지 않다.

2009. 8. 25

예

집권 2년차를 맞아 단행할 개각의 폭과 시기를 놓고 **고심[1]을 거듭하고 있습니다.**

➜ 집권 2년차를 맞아 단행할 개각의 폭과 시기를 놓고 **고심을 지속하고 있습니다.**

➜ 집권 2년차를 맞아 단행할 개각의 폭과 시기를 놓고 **계속 고심하고 있습니다.**

최악의 고용지표가 발표됐지만 미국 상원의 경기부양법 처리는 여전히 **진통을 거듭하고 있습니다.**

➜ 최악의 고용지표가 발표됐지만 미국 상원의 경기부양법 처리는 여전히 **진통을 계속하고 있습니다.**

➜ 최악의 고용지표가 발표됐지만 미국 상원은[2] 경기부양법 처리에 여전히 **진통을 계속하고 있습니다.**

쟁점법안 처리에 대해서 여야는 이견을 좁히지 못한 채 **신경전을 거듭하고 있습니다.**

➜ 쟁점법안 처리에 대해서 여야는 이견을 좁히지 못한 채 **신경전을 계속하고 있습니다.**

남매가 양보 없는 **대립을 거듭하는 사이**, 어머니 고 육영수 여사가 세운 육영재단은 적자누적에 황폐화되고 있습니다.

➜ 남매가 양보 없는 **대립을 계속하는 사이**, 어머니 고 육영수 여사가 세운 육영재단은 적자누적에 황폐화되고 있습니다.

---

1) '고민'이나 '고려' 정도로 고쳐 쓰자. '고심'은 순화해야 할 일본식 한자어이다.
2) '경기부양법 처리'보다는 '미국 상원'을 주어로 하는 것이 더 낫다.

남북관계가 **악화일로를 거듭하면서**[3] 가뜩이나 수주량이 급감했는데 북한 핵실험의 여파로 수주량이 더욱 줄지 않을까 하는 우려 때문입니다.

➜ 남북관계가 **악화일로를 걸으면서** 가뜩이나 수주량이 급감했는데 북한 핵실험의 여파로 수주량이 더욱 줄지 않을까 하는 우려 때문입니다.

➜ 남북관계가 **계속 악화일로로 치달으면서** 가뜩이나 수주량이 급감했는데 북한 핵실험의 여파로 수주량이 더욱 줄지 않을까 하는 우려 때문입니다.

북한의 로켓발사 대응책을 논의하고 있는 유엔 안보리가 이틀째 회의조차 열지 못한 채 **난항을 거듭하고 있습니다.**

➜ 북한의 로켓발사 대응책을 논의하고 있는 유엔 안보리가 이틀째 회의조차 열지 못한 채 **난항을 계속하고 있습니다.**

➜ 북한의 로켓발사 대응책을 논의하고 있는 유엔 안보리가 이틀째 회의조차 열지 못한 채 **계속 난항을 겪고 있습니다.**

---

3) '악화일로'는 상황이 갈수록 나빠진다는 뜻으로 '거듭하다'는 물론 '계속하다'와도 어울리지 않는다. '~에 있다'나 '~로 치닫다', '~을 걷다', '~을 가다' 등과 함께 쓰인다.

16. 아내, 부인, 영부인

고 최진실 씨가 수난이다. 죽어서도 편히 쉬지 못하고 해괴망측한 범죄의 대상이 됐으니 말이다. 범행동기야 어찌됐든 고인과 유족에게 참 안된 일이다. 고인이 누렸던 인기와 삶의 애환, 극단적 최후까지도 고스란히 기억하고 있는 국민을 다시 한 번 애처롭고 안타깝게 했다.

사건을 지켜보면서 혹시라도 이번 일을 계기로 이른바 '최진실법'의 망령이 슬그머니 되살아나지는 않을까 하는 생각이 든 건 기우일까? 지금은 다행히 수면 아래로 가라앉았지만, YTN과 MBC를 마치 점령하듯 쥐락펴락하는 정부여당의 '소통' 방식에 비춰보면 언제든 인터넷 실명제와 사이버모욕죄 신설을 다시 밀어붙일 것이라는 우려가 가시지 않는다. 하지만 득보다 실이 많을 게 너무 뻔하다. '최진실법'의 유혹에 다시 빠진다면 지난 7월 현직판사가 했던 다음과 같은 경고를 되새겨보라. "사이버 모욕죄 법안은 수사기관이 개인의 '주관적인 감정'을 미리 판단해 공권력을 발동하겠다는 의도", "그런 처벌법규는 세계 형벌 입법에 유례가 없을 뿐 아니라 명예훼손을 형사처벌하는 나라에서도 매우 기이하고 흥미로운 법률".

> 고 최진실 씨 유골함 절도범이 시민제보로 붙잡혔습니다. 꿈 때문이라는데, **부인, 두 아들을 둔** 40대 가장입니다.
> OOO 기자입니다.

> 고 최진실 씨의 유골함을 훔쳐간 엽기적인 범죄의 용의자, **두 아들과 부인이 있는** 41살 싱크대 수리공이었습니다.

방송기사는 방송을 보고 듣는 시청자를 제일 우선으로 하기 때문에 등장인물을 존대하지 않는 게 원칙이다. '누구께서 무엇을 하셨습니다'라고 표현하지 않고 '누가 무엇을 했습니다'로 쓰는 것이다.

'부인'은 남의 아내를 높여 부르는 존칭이다. 대통령이나 사회적으로 존경받는 원로 등 일부의 아내에게만 쓰면 족하다. 특히나 위 예문처럼 범죄 용의자의 아내를 높여 전달할 이유는 없다. '아내, 두 아들을 둔', '두 아들과 아내가 있는'으로 고쳐 쓰면 된다. '아내'는 결코 낮춰 부르는 말이 아니라는 걸 기억하자. '부군'과 '남편'도 같은 이치이다.

또 '영부인'은 대통령 부인을 가리키는 말로 알고 있는데, 잘못이다. 영(令)은 남을 높이는 말로 '영부인'은 남의 아내를 높여 이르는 말, 곧 '부인'과 마찬가지 뜻이다. 꼭 대통령의 아내만을 가리키는 것이 아니다.

2009. 8. 26

예

50, 60대의 황혼이혼은 협의이혼보다는 처음부터 **부인 쪽에서** 소송을 신청하는 재판이혼이 많습니다.

➜ 50, 60대의 황혼이혼은 협의이혼보다는 처음부터 **아내 쪽에서** 소송을 신청하는 재판이혼이 많습니다.

경찰은 또 강호순의 **네 번째 부인과** 장모가 함께 숨진 화재사건에 대해서도 방화살해 가능성이 있는 것으로 보고 추궁하고 있습니다.

➜ 경찰은 또 강호순의 **네 번째 아내와** 장모가 함께 숨진 화재사건에 대해서도 방화살해 개연성이[1] 있는 것으로 보고 추궁하고 있습니다.

윤증현 후보자의 부인은 딸이 집을 사는 데 8천만 원을 보태준 사실을 시인했습니다.

➜ **윤증현 후보자의 아내는** 딸이 집을 사는 데 8천만 원을 보태준 사실을 시인했습니다.

삼성 **이재용 전무의 부인이** 이 전무를 상대로 수천억 원의 재산분할을 요구하며 이혼소송을 냈습니다.

➜ 삼성 **이재용 전무의 아내가** 이 전무를 상대로 수천억 원의 재산분할을 요구하며 이혼소송을 냈습니다.

법원은 여러 정황상 **공 교육감이 부인의** 차명예금을 알면서도 선거에 부정적인 영향을 우려해 고의로 신고를 누락했다며 당선무효형인 벌금 150만 원을 선고했습니다.

➜ 법원은 여러 정황상 **공 교육감이 아내의** 차명예금을 알면서도 선거에 부정적인 영향을 우려해 고의로 신고를 누락했다며 당선무효형인 벌금 150만 원을 선고했습니다.

---

1) 긍정의 뜻을 지닌 '가능성'보다는 '개연성'이 더 어울린다. 앞서 살폈다.

생계는 **부인 전 씨에게** 의존할 수밖에 없었고 부부의 말 못할 고민은 커져만 갔습니다.

→ 생계는 **아내 전 씨에게** 의존할 수밖에 없었고 부부의 말 못할 고민은 커져만 갔습니다.

대통령의 부인을 우리가 '영(令)부인'이라고 높여 부르는 것은 그 자리에 대한 존경과 기대가 그만큼 크다는 뜻이기도 합니다.

→ 대통령의 부인을 우리가 **대통령 영부인**이라고 높여 부르는 것은 그 자리에 대한 존경과 기대가 그만큼 크다는 뜻이기도 합니다.[2]

한편, **미국의 영부인** 미셸 오바마는 40위로, 미국 최초 히스패닉계 대법관 소니아 소토마요르는 54위로 이 명단에 처음 이름을 올렸습니다.

→ 한편, **미국의 대통령 영부인** 미셸 오바마는 40위로, 미국 최초 히스패닉계 대법관 소니아 소토마요르는 54위로 이 명단에 처음 이름을 올렸습니다.

2) '영부인'의 뜻을 잘못 알고 쓴 기사다. 틀린 사실을 기초로 하고 있어 기사로서 가치가 없는 엉터리 문장인데 설명을 위해 억지로 고쳐봤다. 언중이 일상에서 대통령의 부인만 '영부인'으로 부르는 것도 언론에서 이런 잘못을 되풀이하기 때문이다.

17. 무더기

아이에게 믿고 먹일 것도, 믿고 손에 쥐어줄 것도 없다. 아이들이 좋아하는 초콜릿 과자에 정확한 성분표시도 없이 카페인이 잔뜩 들어 있다는 소식에 이어 장난감과 학용품도 온통 해로운 성분 범벅이라는 소식이다. 돈의 논리이다. 이윤을 위해서는 아이들의 건강을 살피는 최소한의 양심조차 지킬 겨를이 없는 거다. 모든 게 점점 돈을 중심으로 돌아가는 세상이라지만 제발 먹는 것, 아이들 것 가지고는 장난치지 말자. 이것만큼은 정부가 더 엄격한 잣대로 감시하고 관리해야 한다. 그런데도 환경부와 서울시가 최근 생수에서 발암물질이 나왔다고 발표하면서 정작 생산업체 명단은 공개하지 않고 숨겨주기에 급급했으니 참 한심한 일이다.

한국소비자원이 현재 팔리고 있는 액체풍선의 성분을 검사한 결과, 초산에틸 함량이 17%나 됐습니다. 본드와 비슷한 냄새가 나는 초산에틸은 짧은 시간 노출돼도 호흡곤란, 두통, 현기증을 일으킬 수 있습니다. **중금속도 무더기로 나왔습니다.**

> 어린이들이 흔히 사용하는 색연필 일부 제품에서는 카드뮴이 163ppm이나 나왔습니다. 기준치의 2배가 넘는 수치입니다. 스티커 일부 제품에선 환경호르몬 추정 물질인 DEHP가 기준치의 230배나 들어있었고, 미술재료 흡착판과 수저가방에서도 DEHP가 검출됐습니다.

'무더기'라는 말을 사전에서 찾아보면 '한데 수북이 쌓였거나 뭉쳐 있는 더미나 무리' 또는 (수량을 나타내는 말 뒤에 쓰여) '한데 수북이 쌓였거나 뭉쳐 있는 더미나 무리를 세는 단위'로 풀이하고 있다.

위 예문은 색연필과 스티커, 미술재료 흡착판, 수저가방에서 두루 중금속이 나온 걸 '무더기로 나왔다'고 설명했는데 어색하다. '무더기'를 '한꺼번에 많이'의 뜻으로까지 확장해 쓴 것이다. 단어의 뜻을 확장한 것도 바람직하지 않을뿐더러, '무더기'를 쓴 기사문장의 대부분은 이처럼 기자의 주관적 감정이 실린 필요 없는 강조여서 잘못이다. 일상에서는 이런 표현을 잘 쓰지 않는데 유독 기사문장이나 기사제목, 자막 등에서 상투적으로 쓰고 있다.

'무더기'는 '세관원이 가방을 열어보니 가짜 명품시계가 무더기로 나왔습니다'나 '공장 뒷마당에 녹슨 고철 덩어리가 무더기로 쌓였습니다'처럼 무엇이 한 곳에 모여 있는 걸 구체적으로 묘사할 때에나 자연스럽다.

2009. 8. 27

예

전북과 경남북 등 전국 각지를 돌며 차량 80여 대를 훔친 **일당이 무더기로 적발됐습니다.**

➜ 전북과 경남북 등 전국 각지를 돌며 차량 80여 대를 훔친 **일당이**[1] **적발됐습니다.**

한 달 뒤 문화재 **위원들이 무더기로 교체되자**, 건축은 곧바로 승인됐습니다.

➜ 한 달 뒤 문화재 **위원들이 한꺼번에 교체되자**, 건축은 곧바로 승인됐습니다.

➜ 한 달 뒤 문화재 **위원 여럿이 한 번에 교체되자**, 건축은 곧바로 승인됐습니다.

농성자들에 대한 **무더기 기소방침에는** 변화가 없음을 분명히 했습니다.

➜ 농성자 **여러 명을 기소할 방침에는** 변화가 없다고 분명히 밝혔습니다.[2]

거액 도박 **피해자들이 무더기로** 소송전[3]에 나섰습니다.

➜ 거액 도박 **피해자 여럿이** 소송에 나섰습니다.

연초에 올랐던 생필품 가격이 두 달 만에 또다시[4] **무더기로 올랐습니다.**

➜ 연초에 올랐던 생필품 가격이 두 달 만에 또다시 **대폭 올랐습니다.**

➜ 연초에 올랐던 생필품 가격이 두 달 만에 또다시 **크게 올랐습니다.**

---

1) 여럿이 잡혔다는 걸 나타내고 싶으면 '훔친 일당 10명이 모두 적발됐습니다'와 같이 일당의 수를 드러내면 된다.
2) 앞서 지적한 '~에 대한'과 '분명히 하다'의 오류도 바로잡았다.
3) '소송전'은 '소송'에 '전'(戰)을 붙인 말인데 바람직하지 않다. 과도한 표현이다.
4) '또다시'는 '또'나 '다시'로 고쳐 쓰는 게 좋다. 다음에 자세히 다룬다.

위생상태가 엉망인 중국음식점이 **무더기로 적발돼** 파문이 컸는데요, 소비자 불신이 커지자 일부 중국음식점에선 주방에 CCTV까지 도입해 불안감 해소에 나섰습니다.

→ 위생상태가 엉망인 중국음식점이 **많이 적발돼** 파문이 컸는데요, 소비자 불신이 커지자 일부 중국음식점에선 주방에 CCTV까지 도입해 불안감 해소에 나섰습니다.

석면이 든 탈크로 만들어진 의약품 천여 개가 **무더기로** 판매금지됐습니다.

→ 석면이 든 탈크로 만들어진 의약품 천여 개가 (**한꺼번에**) **모두** 판매금지됐습니다.

18. 확산되다? 확산하다!

전셋돈이 몇 달 만에 수천만 원, 수억 원씩 올랐다. 자고 일어나면 오르는 전셋돈 공포에 세입자들은 차라리 빚을 내서라도 집을 사는 게 낫겠다며 하소연한다. 재건축 아파트값도 반년도 안 돼 수억 원씩 올랐다. 이미 역대 최고치를 넘어 계속 오르고 있다. 최근 서울 강남권을 중심으로 번지고 있는 전셋돈 폭등과 부동산 투기열풍의 핵심은 재개발 재건축이다. 이명박 정부가 부동산을 통한 경기부양을 위해 재건축 관련규제를 마구 풀어준 것이 투기의 불씨를 지핀 셈이 됐다. 그래놓고는 이제야 조치를 하겠다며 엄포를 놓고 나섰다. 이른바 '강부자' 정권으로서는 부동산 가격상승이 그저 고맙고 반가울 따름이지만, 그렇다고 마냥 손 놓고 있을 수만은 없으니 생색내기 '쇼'를 하는 걸로밖에 안 보인다. 그게 아니라면 좌충우돌, 우왕좌왕이라고 볼 수밖에 없다.

국세청이 현 정부 들어 처음으로 서울 강남권 재건축 아파트 구입자에 대한 자금

출처 조사에 착수했습니다. 비싼 집을 산 미성년자 등에 대한 편법증여나 소득탈루 여부가 집중적인 조사대상입니다. 이와 관련해 국세청은 지난 14일 고액 부동산 취득자금에 대한 출처조사를 철저히 하라고 각 지방청과 세무서에 지시했습니다. 서울 강서와 양천, 영등포 등 지하철 9호선 수혜지역과 인천 청라, 송도지구 등 투기 가능성이 높은 지역의 부동산 거래도 집중 점검하고 있습니다.
정부는 **집값불안이 확산될 경우**[1]**에 대비해** 주택담보대출 규제를 강화하는 방안도 검토하고 있습니다.

'확산'은 '하다'와 붙여 쓰면 충분하다. 앞말이 무생물일지라도 반드시 피동의 뜻이 필요한 때가 아니면 '되다'와 붙여 쓸 이유가 없다. 위 예문은 '집값불안이 확산할 경우에 대비해'로 고쳐 쓰자.

쉬운 우리말로 바꾸면 '확산되다'의 잘못이 더 분명히 드러난다. 위 문장은 '집값불안이 번질 경우에 대비해', 또는 '집값불안이 커질 경우에 대비해'로 쓰면 훨씬 자연스럽다. 그런데 이를 '집값불안이 번지게 될 경우에 대비해'나 '집값불안이 커지게 될 경우에 대비해'로 쓰면 잘못이다. '확산될'은 이와 똑같은 오류다. 우리말로 써도 되는데 굳이 한자어를 쓰면서 그것도 잘못 쓴 것이다.

'하다' 대신 '되다'를 잘못 붙여 쓰는 단어는 이 밖에도 많다. '낙후되다', '개막되다', '개회되다', '무산되다', '약화되다', '붕괴되다', '성숙되다' 등 일일이 나열하기도 어렵다. 그런데도 그동안의 잘못된 언어 습관 때문에 이 단어들 뒤에 '~하다'를 붙여 쓰면 영 어색한 게 사실이다. 그러니까 아예 우리말로 바꿔 쓰면 두 마리 토끼를 잡는 거다.

2009. 8. 29

1) '경우'는 피해야 할 말이다. 다음에 다룬다.

예

높아지는 실업률 속에서 대규모 개인파산이 속출할 것이란 **우려가 확산되고** 있습니다.

→ 높아지는 실업률 속에서 대규모 개인파산이 속출할 것이란 **우려가 확산하고** 있습니다.

→ 높아지는 실업률 속에서 대규모 개인파산이 속출할 것이란 **우려가 커지고** 있습니다.

김수환 추기경의 선종 이후 장기기증 운동이 사회 지도층으로 **확산되고 있습니다.**

→ 김수환 추기경의 선종 이후 장기기증 운동이 사회 지도층으로 **확산하고 있습니다.**

→ 김수환 추기경의 선종 이후 장기기증 운동이 사회 지도층으로 **번지고 있습니다.**

일본에서 신종플루가 **확산되고 있는 가운데**, 일본 당국이 한국을 여행위험국으로 분류해 여행 자제를 당부하고 있습니다.

→ 일본에서 신종플루가 **확산하고 있는 가운데**, 일본 당국이 한국을 여행위험국으로 분류해 여행 자제를 당부하고 있습니다.

→ 일본에서 신종플루가 **번지고 있는 가운데**, 일본 당국이 한국을 여행위험국으로 분류해 여행 자제를 당부하고 있습니다.

낙후된 의료시설 개선사업도 추진되고 있습니다.

→ **낙후한** 의료시설 개선사업도 추진되고 있습니다.

→ **낡은** 의료시설 개선사업도 추진되고 있습니다.

→ **뒤떨어진** 의료시설 개선사업도 추진되고 있습니다.

이명박 대통령과 아세안 10개국 정상들이 참석하는 한-아세안 특별정상회의가 오늘 제주에서 **개막됐습니다.**

→ 이명박 대통령과 아세안 10개국 정상들이 참석하는 한-아세안 특별

정상회의가 오늘 제주에서 **개막했습니다.**

→ 이명박 대통령과 아세안 10개국 정상들이 참석하는 한-아세안 특별 정상회의가 오늘 제주에서 **열렸습니다.**

터널공사 현장에서 야산을 잘라낸 비탈면이 **붕괴되면서** 인부 3명이 매몰돼 숨졌습니다.

→ 터널공사 현장에서 야산을 잘라낸 비탈면이 **붕괴하면서** 인부 3명이 매몰돼 숨졌습니다.

→ 터널공사 현장에서 야산을 잘라낸 비탈면이 **무너지면서** 인부 3명이 매몰돼 숨졌습니다.

한나라당은 이제는 협박과 비방이 아니라 **성숙된 자세를** 보여줘야 할 때라면서 북측에 대화를 촉구했습니다.

→ 한나라당은 이제는 협박과 비방이 아니라 **성숙한 자세를** 보여줘야 할 때라면서 북측에 대화를 촉구했습니다.

6·10 범국민대회를 앞두고 서울광장에는 시민들과 경찰 사이에 긴장이 **고조되고 있습니다.**

→ 6·10 범국민대회를 앞두고 서울광장에는 시민들과 경찰 사이에 긴장이 **높아지고 있습니다.**

정부의 초강수 결정에 전교조는 2차 시국선언과 교과부장관 퇴진운동으로 맞서기로 해 갈등이 **고조되고 있습니다.**

→ 정부의 초강수 결정에 전교조는 2차 시국선언과 교과부장관 퇴진운동으로 맞서기로 해 갈등이 **높아지고 있습니다.**

→ 정부의 초강수 결정에 전교조는 2차 시국선언과 교과부장관 퇴진운동으로 맞서기로 해 갈등이 **깊어지고 있습니다.**

19. ~시키다? ~하다!

정수근 선수로서는 무척 억울하겠다. 행패를 부린 적이 없다고 해명했어도, 신고한 종업원이 난동사실이 없다고 말을 바꿨어도 결국 팀에서 쫓겨나는 신세가 됐다. 방송, 신문, 인터넷 할 것 없이 큰 잘못을 저지른 것으로 단정하는 기사가 넘쳐난다. 팬들의 비난도 거세다. '제 버릇 남 주지 못하는 주정뱅이'로 낙인을 찍어버렸다. 정도를 넘은 모습이다. 부인할 수 없는 과거의 잘못이 있다 해도, 사실관계조차 가리지 않은 채 감정만을 앞세울 일은 아니다. 정수근 선수는 이번 일로 야구판을 영영 떠나야 할지도 모른다. 이만하면 그에게는 평생 지우지 못할 '주홍글씨'가 새겨진 셈이다. 그 '주홍글씨'를 새긴 건 천박한 '냄비 언론', '황색 저널리즘'이다.

> 프로야구 롯데구단이 어젯밤 또 음주 물의를 일으킨 정수근 선수를 **퇴출시키기로** 결정했습니다.
> OOO 기자입니다.

> 롯데 정수근이 어젯밤 부산의 한 술집에서 술을 먹고 또 난동을 부렸다는 보도가 나온 지 하루도 안 돼, 롯데는 자체 조사를 벌인 뒤 바로 퇴출이라는 초강수를 꺼내들었습니다.
> 일단 정수근은 술은 조금 마셨지만 행패를 부린 적은 없다고 밝혔습니다. 술집 종업원도 4강 싸움이 한창인 요즘, 늦은 시각까지 술을 먹고 있는 모습에 화가 나 경찰에 신고한 것으로 알려졌습니다.

'~시키다'는 사동, 곧 누가 누구에게 무엇을 하게 하는 뜻을 지닌다. 이런 사동의 뜻이 없을 때 '~시키다'를 쓰면 잘못이다. 위 기사에서 정수근 선수를 내쫓는 주체는 롯데구단이다. 그런데 예문을 글자 그대로 풀이하면, 롯데구단이 다른 누구에게 맡겨 정수근 선수를 퇴출하도록 만든다는 뜻이어서 옳지 않다. '퇴출시키기로'를 '퇴출하기로'로 바꿔 써야 맞다. 타동사인 '~하다'로 충분히 뜻을 전달할 수 있고 또 그렇게 쓰는 게 맞는데도 불구하고 습관처럼 '~시키다'를 쓰는 일이 많다.

2009. 9. 1

예

미국과 일본의 이 음란물 제작사들이 공동으로 음란물파일을 무단으로 **유통시킨** 국내 네티즌들을 경찰에 고소했습니다.

➜ 미국과 일본의 이 음란물 제작사들이 공동으로 음란물파일을 무단으로 **유통한** 국내 네티즌들을 경찰에 고소했습니다.

환경부가 국립공원의 일부지역을 공원에서 **제외시키고** 공원 내 마을에 대한 규제를 대폭 완화하는 방안을 추진하기로 했습니다.

➜ 환경부가 국립공원의 일부지역을 공원에서 **제외하고** 공원 내 마을에 대한 규제를 대폭 완화하는 방안을 추진하기로 했습니다.

그래서 이런 꽃미남들을 통해 계층상승에 대한 욕구를 **대리만족시키고** 있다는 것입니다.

➜ 그래서 이런 꽃미남들을 통해 계층상승에 대한 욕구를 **대리만족하고** 있다는 것입니다.

이 여성은 곧바로 23차례에 걸쳐 우리 돈 44억 원을 **이체시켰습니다**.

➜ 이 여성은 곧바로 23차례에 걸쳐 우리 돈 44억 원을 **이체했습니다**.

게다가 선진당이 야당으로서의 선명성을 **부각시킬** 방침이어서 내일 시작되는 정기국회부터 여야간의 파열음은 불 보듯 훤해진 상태입니다.

➜ 게다가 선진당이 야당으로서의 선명성을 **부각할** 방침이어서 내일 시작되는 정기국회부터 여야간의 파열음은 불 보듯 훤해진 상태입니다.

신체를 **노출시켜려다** 보니 통과의례처럼 직전에 털을 제거하는 여성들이 많습니다.

➔ 신체를 **노출하려다** 보니 통과의례처럼 직전에 털을 제거하는 여성들이 많습니다.

14층에서 사다리차를 이용해 짐수레를 내려 보냈지만, 수레를 **고정시킬** 안전장치는 없었습니다.

➔ 14층에서 사다리차를 이용해 짐수레를 내려·보냈지만, 수레를 **고정할** 안전장치는 없었습니다.

전월 사용액 30만 원 이상이어야 하고, 특히 할인대상 매장에서 사용한 것은 사용액에서 **제외시킵니다**.

➔ 전월 사용액 30만 원 이상이어야 하고, 특히 할인대상 매장에서 사용한 것은 사용액에서 **제외합니다**.

20. 였었다?

저자가 책의 내용을 고치지 말라고 하면 출판사는 고치면 안 되는 거다. 지난해 말 근현대사 교과서를 고치라고 금성출판사에 무리하게 압력을 넣은 교육과학기술부는 저작권에 관해 이 정도 상식 수준의 이해도 없던 걸까? 이념적 편향을 문제 삼으며 수정을 지시한 그 내용도 문제지만, 출판사를 윽박질러 수정하도록 만든 '불도저' 방식도 유치하기 짝이 없다. 저자들과 출판사 모두 이번 파동의 피해자다. 그리고 더 큰 피해자는 문제의 그 교과서로 공부하는 학생들이다.

법원은 너무나 당연한 판결을 내렸다. 그런데도 교과부는 이번 판결에도 아랑곳하지 않고 대법원 확정판결 때까지 그 교과서를 그대로 사용하겠다고 어기대니 아직까지도 상식을 얻지는 못한 모양이다.

지난해 12월 교육과학기술부는 이른바 **좌편향 논란이 일었던** 금성출판사 근현대사 교과서에 내용수정을 지시했습니다. 친일파 청산 문제가 현대사의 굴레가 되었다는 문구가 민족과제를 청산하지 못했다는 표현으로 바뀌는 등 모두 36곳이 바뀌었습니다. 저자들은 내용수정에 **정치적 의도가 있었다며** 교과서 배포를 막아달라는 가처분신청을 냈지만 받아들여지지 않자, 지난 1월 출판사와 교과부를 상대로 각각 소송을 냈습니다. 그리고 출판사를 상대로 한 소송에서 법원은 저자들의 손을 들어줬습니다.

1심 재판부는 출판사가 저자들의 동의 없이 내용을 마음대로 고쳐서는 안 된다며, 교과서 발행과 판매를 중단하고 저자들에게 400만 원씩 배상하라고 판결했습니다.

우리말의 시제에 대해서는 여러 견해가 있다. '대과거, 과거완료, 현재, 미래'로 분류하기도 하고 '과거, 현재, 미래'로 나누거나 '과거, 비과거'로만 나누기도 한다. 시제가 없다고 보는 극단적 견해도 있다. 문법을 전문으로 다루는 글이 아니니 자세한 설명은 생략하자. 단, 꼭 알고 지켜야 할 것은 영어의 '과거완료형'을 흉내 내지는 말아야 한다는 것이다.

우리말에서 과거를 나타내는 말은 억지로 만든 '과거완료형'〔~ㅆ던, ~았(었)던, ~였던, ㅆ었다, ~았(었)었다, ~였었다〕이 아니라 '과거형'(~ㄴ, ~던, ㅆ다, ~였다) 표현으로 족하다. 과거완료형은 본디 우리말에서는 쓰지 않는 것으로 영어를 분별없이 따르다가 생긴 지나친 표현이다.

게다가 위 예문은 엄밀히 따지면 의미상으로도 잘못이다. 좌편향 논란은 지난해 12월 전에 일었다가 사라진 게 아니다. 그 전에 논란이 존재했고 지난해 12월에도 계속 존재했으며 지금도 유효하다. 정치적 의도 역시 가처분 신청을 낼 때를 기준으로 그 전에 있다가 수그러든 게 아니다. '좌편향 논란이 인', '정치적 의도가 있다며'로 고쳐 써야 옳다.

2009. 9. 3

예

중국의 사기단으로부터 보이스피싱, 즉[1] **전화사기를 당했던** 한국인 피해자들이 한국과 중국 수사당국의 공조 덕분에 **잃었던 돈을** 되찾았습니다.

➜ 중국의 사기단으로부터 보이스피싱, 즉 **전화사기를 당한** 한국인 피해자들이 한국과 중국 수사당국의 공조 덕분에 **잃은 돈을** 되찾았습니다.

사고 여파로 일부구간 운행에 **차질을 빚었던** 경부선과 호남선도 정상적으로 운행되고 있습니다.

➜ 사고 여파로 일부구간 운행에 **차질을 빚던** 경부선과 호남선도 정상적으로 운행되고 있습니다.

2005년 러시아 의회가 우주기술 보호협정 비준을 문제삼아 **발사를 연기했었고**, 최근의 발사일정도 러시아 기술진의 판단에 따를 수밖에 없었습니다.

➜ 2005년 러시아 의회가 우주기술 보호협정 비준을 문제삼아 **발사를 연기했고**, 최근의 발사일정도 러시아 기술진의 판단에 따를 수밖에 없었습니다.

북한은 지난 1998년 대포동 1호를 발사했을 때도 1단계 추진체 낙하지점 해역에 **군함을 파견했었기** 때문입니다.

➜ 북한은 지난 1998년 대포동 1호를 발사했을 때도 1단계 추진체 낙하지점 해역에 **군함을 파견했기** 때문입니다.

중국정부는 로켓발사 전부터 한미일과 달리 신중하고 소극적인 **태도를 보였었는데**, 로켓발사 이후에는 어떤 반응을 보이고 있습니까?

➜ 중국정부는 로켓발사 전부터 한미일과 달리 신중하고 소극적인 **태도를 보였는데**, 로켓발사 이후에는 어떤 반응을 보이고 있습니까?

---

1) '즉'은 '곧'이나 '바로'로 고쳐 써야 한다.

특히 **고인이 톱스타였었다는 점에서** 유골이라도 소유해 대리만족을 느끼려고 했을 것이라는 겁니다.

→ 특히 **고인이 톱스타였다는 점에서** 유골이라도 소유해 대리만족을 느끼려고 했을 것이라는 겁니다.

짧은 커트가 유행이었다가 최근에는 물결퍼머가 유행하고, 여성들의 머리모양은 유행에 민감한데요.

→ **짧은 커트가 유행이다가** 최근에는 물결퍼머가 유행하고, 여성들의 머리모양은 유행에 민감한데요.

전국에 소녀시대 〈GEE〉 **인기가 대단했었는데요**, 그 인기에 힘입어 〈GEE〉 패러디 열풍이 불기도 했었습니다.

→ 전국에 소녀시대 〈GEE〉 **인기가 대단했는데요**, 그 인기에 힘입어 〈GEE〉 패러디 열풍이 불기도 했었습니다.

21. ~으로부터

이래서 남북의 대화와 교류, 협력이 정말 중요한 거다. 아무런 통보도 없이 한밤중에 수문을 연 북한의 처사도 이해하기 어렵지만, 그렇다고 북한만 탓할 게 아니다. 방류에 따른 남한 쪽 피해를 막기 위해 임진강 수계를 남북이 공동으로 관리해야 할 필요성은 이미 황강댐 건설 때부터 제기돼왔다. 지난 2000년에는 임진강 수해방지사업을 같이 하기로 합의한 적도 있다. 그런데도 끝내 결실을 보지 못하고 지금까지 실효적 합의 없이 지내온 것은 북한만이 아닌 양쪽 모두의 책임이다. 이제 와 떠넘긴다고 책임이 사라지진 않는다. 오히려 현 정부 들어 대화가 끊기고 관계가 급속히 냉각된 것에 대한 치열한 성찰과 반성이 먼저 필요하다. 남과 북은 여러 줄기 물길뿐 아니라 얽힌 산길로, 같은 말로, 피를 나눈 가족으로, 한몸이 아니던가? 피가 돌지 않으면 몸뚱이는 탈이 나기 마련이다.

경찰과 소방당국은 임진강 상류가 60% 이상 관통하고 있는 북한 평강지역에는 최근 거의 비가 내리지 않아 북한 황강댐의 방류로 급격히 강물이 불어난 것으로 보고 있습니다. 국토해양부는 오늘 새벽 2시부터 11시간 동안 **북한으로부터 방류된** 물이 4천만 톤에 이르는 것으로 조사됐다고 밝혔습니다.
현재 임진강 본류에 국내 최초의 홍수조절용 댐이 건설중이기는 하지만, 내년 6월에 완공될 예정이어서 피해를 막지 못했습니다.

우리말에서 '부터'는 '이른 아침부터 늦은 밤까지 온종일 일만 했어요', '여기부터 저기까지 저 넓은 논이 모두 김 회장 댁 소유래', '오늘은 1번부터 5번까지가 청소당번이다'와 같이 쓰인다. 때나 곳, 차례의 시작을 나타낸다.

표준국어대사전도 '부터'를 "어떤 일이나 상태 따위에 관련된 범위의 시작임을 나타내는 보조사이다. 흔히 뒤에는 '~까지'가 와서 짝을 이룬다"고 풀이하고 있다. 그런데 여기에 '(으)로'가 결합한 '(으)로부터'가 문제다. 출처나 근원, 유래, 재료, 상태, 장소 등을 가리지 않고 무분별하게 쓰고 있다. 영어의 전치사 'from'을 그대로 옮긴 엉터리 표현이다. 위 예문은 '북한에서 방류된'이 더 편하고 자연스럽다. 평소 대화를 하면서 '~로부터'라는 말은 거의 쓰지 않는다. '~에서'나 '~에게서', 또는 '~한테서'로 쓰자.

2009. 9. 6

예

한 어린이집에서 저소득층 어린이 **부모들로부터** 정규 보육료 외에 추가비용을 받아 말썽이 일고 있습니다.

→ 한 어린이집에서 저소득층 어린이 **부모들에게서** 정규 보육료 외에 추가비용을 받아 말썽이 일고 있습니다.

→ 한 어린이집에서 저소득층 어린이 **부모들한테서** 정규 보육료 외에 추가비용을 받아 말썽이 일고 있습니다.

해당 병원은 지난해 한국의 한 병원에서 이송한 **환자로부터** 이 세균이 퍼진 것으로 보고 있습니다.

→ 해당 병원은 지난해 한국의 한 병원에서 이송한 **환자에게서** 이 세균이 퍼진 것으로 보고 있습니다.

→ 해당 병원은 지난해 한국의 한 병원에서 이송한 **환자한테서** 이 세균이 퍼진 것으로 보고 있습니다.

검찰은 그러나 **박 회장으로부터** 불법로비와 관련한 진술은 전혀 확보하지 못했으며, 정치인들과 일부 자금거래가 있더라도 형사처벌이 가능한지는 검토가 필요하다고 신중한 입장[1])을 밝혔습니다.

→ 검찰은 그러나 **박 회장에게서** 불법로비와 관련한 진술은 전혀 확보하지 못했으며, 정치인들과 일부 자금거래가 있더라도 형사처벌이 가능한지는 검토가 필요하다고 신중한 입장을 밝혔습니다.

→ 검찰은 그러나 **박 회장한테서** 불법로비와 관련한 진술은 전혀 확보하지 못했으며, 정치인들과 일부 자금거래가 있더라도 형사처벌이 가능한지는 검토가 필요하다고 신중한 입장을 밝혔습니다.

이곳에서 유전을 개발하고 있는 국내업체가 **러시아 정부로부터** 8,350만 배럴의 매장량을 인증받았습니다.

---

1) '태도' 또는 '의견'이 낫다.

→ 이곳에서 유전을 개발하고 있는 국내업체가 **러시아 정부에서** 8,350만 배럴의 매장량을 인증받았습니다.

인터넷 부동산 포털에 허위매물을 올린 부동산업체들이 **공정거래위원회로부터** 시정조치를 받았습니다.

→ 인터넷 부동산 포털에 허위매물을 올린 부동산업체들이 **공정거래위원회에서** 시정조치를 받았습니다.

→ 인터넷 부동산 포털에 허위매물을 올린 부동산업체들에 **공정거래위원회가** 시정조치를 내렸습니다.[2]

한 경찰간부는 **불법 오락실 업주로부터** 향응을 제공받고 단속을 미뤄주다 발각됐습니다.

→ 한 경찰간부는 **불법 오락실 업주에게서** 향응을 제공받고 단속을 미뤄주다 발각됐습니다.

→ 한 경찰간부는 **불법 오락실 업주한테서** 향응을 제공받고 단속을 미뤄주다 발각됐습니다.

보수진영에서 강력하게 제기해온, **미군으로부터의** 전시작전권 반환시기를 2012년에서 늦추자는 요구도 당론으로 공식화됐습니다.

→ 보수진영에서 강력하게 제기해온, **미군의** 전시작전권 반환시기를 2012년에서 늦추자는 요구도 당론으로 공식화됐습니다.

브라질의 수입업체들은 **영국으로부터** 들여온 것들이 재활용 쓰레기인 줄로만 알고 있었으며, **영국업체로부터** 사기를 당한 것이라고 주장했습니다.

---

2) 될 수 있으면 능동의 표현으로 바꾸자.

→ 브라질의 수입업체들은 **영국에서** 들여온 것들이 재활용 쓰레기인 줄로만 알고 있었으며, **영국업체에** 사기를 당한 것이라고 주장했습니다.

→ 브라질의 수입업체들은 **영국에서** 들여온 것들이 재활용 쓰레기인 줄로만 알고 있었으며, **영국업체한테** 사기를 당한 것이라고 주장했습니다.

삼성은 자신들이 생산하지 않는 17인치 LCD 패널을 **LG로부터** 사고, LG 역시 22인치 패널을 **삼성으로부터** 구입합니다.

→ 삼성은 자신들이 생산하지 않는 17인치 LCD 패널을 **LG에(게)서** 사고, LG 역시 22인치 패널을 **삼성에(게)서** 구입합니다.

22. 다른, 또 다른

교권이 무너졌다고 한탄할 일이 아니다. 이건 교권보다 더 근본적인 인권의 문제다. 신분을 막론하고 여성을 쉽게 농락할 수 있는 성적 대상으로만 인식하고 있는 거다. 그 안엔 우리 사회의 일그러진 성문화가 있다. 인터넷에 접속하기만 하면 청소년들도 손쉽게 적나라하고 허무맹랑한 '야설'과 '야동'을 볼 수 있는 세상이다. 온갖 퇴폐문화가 사회 곳곳에 음습하게 뿌리내리고 있는데도 어른들은 그 사실에 짐짓 눈 감고 점잔만 빼고 있다. 아이들에게 올바른 성문화를 알리기보다는 애써 모른 척, 쉬쉬하고만 있는 것이다. 그러는 사이 청소년들은 비틀린 쾌락을 잘못 동경하고 급기야 모방하기까지 하면서, 정작 순수한 사랑과 아름다운 성, 고귀한 인권을 배우는 기회를 갖지는 못한다. 처녀, 총각 선생님을 흠모하며 열병을 앓는 첫사랑의 추억마저도 어른들이 무참히 빼앗아 버린 셈이다.

서울의 한 학력인증 고등학교, 수업을 마치는 시간, 한 남학생이 여교사에게 다가가 어깨에 손을 얹으려 하자 화들짝 놀랍니다.[1] 그래도 남학생의 희롱은 이어집니다.

"누나 사귀자 … (도망가는데요?)."

여교사는 연신 불쾌한 표정을 지었지만, 이 남학생은 이번에는 뒤로 돌아가 **또다시** 어깨에 손을 올리려 합니다. 막고, 피하고, 지적을 해도 대놓고 희롱하기를 멈추지 않습니다.

이 동영상은 **또 다른** 남학생이 휴대전화로 찍어 "선생님 꼬시기"라는 제목으로 자신의 미니홈피에 올리면서 급속히 퍼졌습니다. 파문이 커지자 해당학교는 성희롱을 한 학생과 이를 촬영한 학생 등 2명에 대해 '출석정지 열흘'이라는 징계를 내렸습니다.

위 예문에서 등장하는 남학생은 교사를 희롱한 남학생 1과 그 장면을 촬영한 남학생 2, 두 명이다. 남학생 2는 '다른' 남학생이라고 해야 맞다. '또 다른' 남학생은 남학생 2가 아닌 남학생 3이나 4, 5 등을 가리킬 때 써야 한다.

'다른' 앞에 어떤 일이 거듭됨을 뜻하는 '또'가 붙어 있기 때문에 무언가를 두 번째 언급할 때는 '또 다른'을 쓰면 안 된다. '또다시'도 마찬가지다. '다시'가 되풀이의 뜻이어서 거듭의 뜻을 가진 '또'나 같다. 비슷한 뜻의 두 단어를 공연히 겹친 것으로, 뭔가가 두 번째 이뤄질 때엔 '또다시'를 써서는 안 된다. 그냥 '또'나 '다시'로 써도 충분하다.

두 번째의 무엇을 '또 다른' 무엇이라고 잘못 쓰거나, 두 번째의 행위나 상태를 '또다시 이뤄진다'고 잘못 표현하는 일이 많다. 위 예문의 '또다시'는 '또'나 '다시'로, '또 다른'은 '다른'으로 고쳐야 맞다.

2009. 9. 9

---

1) 주어와 술어가 일치하지 않는 비문이다. '한 남학생이 다가가 어깨에 손을 얹으려 하자 여교사가 화들짝 놀랍니다' 정도로 바로잡자.

예

구속된 미네르바가 가짜인지, **또 다른 미네르바가** 있는 것인지 의문이 증폭됐고 〈신동아〉는 최신호를 통해 '미네르바는 금융계 인사 7명으로 구성된 그룹이며, 구속된 박 씨는 미네르바가 아니라는' 추가의혹을 제기했습니다.

➜ 구속된 미네르바가 가짜인지, **다른 미네르바가** 있는 것인지 의문이 증폭됐고 〈신동아〉는 최신호를 통해 '미네르바는 금융계 인사 7명으로 구성된 그룹이며, 구속된 박 씨는 미네르바가 아니라는' 추가의혹을 제기했습니다.

조사단은 이들에게 이메일을 받고 압력을 느꼈는지, **또 다른 이메일이 있는지** 등을 확인했으며, 일부 판사들은 신 대법관의 이메일이 부적절했고 심적인 부담을 느꼈다는 취지의 답변을 한 것으로 전해졌습니다.

➜ 조사단은 이들에게 이메일을 받고 압력을 느꼈는지, **다른 이메일이 (더) 있는지** 등을 확인했으며, 일부 판사들은 신 대법관의 이메일이 부적절했고 심적인 부담을 느꼈다는 취지의 답변을 한 것으로 전해졌습니다.[2]

전 청와대 행정관 성접대 의혹과 관련해 오늘 참고인 신분으로 조사받기로 했던 **또 다른 전 청와대 행정관**과 방송통신위원회 관계자가 경찰에 출석하지 않고 있습니다.

➜ 전 청와대 행정관 성접대 의혹과 관련해 오늘 참고인 신분으로 조사받기로 했던 **다른 전 청와대 행정관**과 방송통신위원회 관계자가 경찰에 출석하지 않고 있습니다.

전북 정읍지역의 초등학생 신종플루 감염자가 한 명 더 늘었습니다. 추가감염을 우려해 **또 다른 학교가 임시 휴교하기도 했습니다**.

➜ 전북 정읍지역의 초등학생 신종플루 감염자가 한 명 더 늘었습니다. 추가감염을 우려해 **다른 학교도 임시 휴교했습니다.**

2) '전해졌습니다'는 피해야 할 표현이다. 뒤에서 살펴본다.

노숙자 식당주인 서 씨가 최근 **또 다른 '쉼터'를** 열었습니다.

➜ 노숙자 식당주인 서 씨가 최근 **다른 '쉼터'**를 열었습니다.

➜ 노숙자 식당주인 서 씨가 최근 **'쉼터'**를 **더** 열었습니다.

한 부장검사는 "도덕성에 상처를 입은 상태에서 조직을 이끌기는 무리였다"며 사퇴 결정을 반겼지만, **또 다른 부장검사는** "천 후보자가 능력을 보이기도 전에 낙마해 안타깝다"고 말했습니다.

➜ 한 부장검사는 "도덕성에 상처를 입은 상태에서 조직을 이끌기는 무리였다"며 사퇴결정을 반겼지만, **다른 (한) 부장검사는** "천 후보자가 능력을 보이기도 전에 낙마해 안타깝다"고 말했습니다.

북한의 핵실험에 이어 **또 다시 장거리 미사일 발사징후가 포착되면서** NLL에 인접한 서해바다의 긴장도 높아지고 있습니다.

➜ 북한의 핵실험에 이어 **또 장거리 미사일 발사징후가 포착되면서** NLL에 인접한 서해바다의 긴장도 높아지고 있습니다.

작업이 중단된 전원주택 예정지의 토사가 무방비로 방치돼 있어 주민들이 불안에 떨고 있습니다. 비가 **또다시 올 경우** 대형사고로 이어지지 않을까 우려됩니다.

➜ 작업이 중단된 전원주택 예정지의 토사가 무방비로 방치돼 있어 주민들이 불안에 떨고 있습니다. 비가 **또 올 경우** 대형사고로 이어지지 않을까 우려됩니다.

➜ 작업이 중단된 전원주택 예정지의 토사가 무방비로 방치돼 있어 주민들이 불안에 떨고 있습니다. 비가 **더 올 경우** 대형사고로 이어지지 않을까 우려됩니다.

23. '당초'와 '애초'

학자로서 소신을 밝힌 것인가? 청와대와 어떤 교감을 한 뒤 정치적 발언을 한 것인가? 정운찬 국무총리 후보자가 세종시 수정 필요성 발언을 한 뒤 논란이 들끓고 있다. 충청권을 기반으로 하는 자유선진당이나 집권 당시 세종시를 추진했던 민주당이 발끈하는 건 당연하다. 그러면서 각자 다른 셈을 하고 있을 것도 역시 당연하다. 문제는 여권이다. 한나라당 안에서도 다른 목소리가 흘러나오면서 혼란을 더욱 부추기고 있다. 이런데도 이명박 대통령이 별다른 대응을 하지 않는 것은 국정 최고책임자로서 부적절하다. 사태를 수습하기는커녕 어디로 흘러갈지 관망하며 즐기는 태도다. 어차피 곪아터져야 할 종기에 정 후보자가 칼을 대줬다고 반기는 건가? 손 안대고 코 푼다? 이건 아니다. 공언한 것처럼 계획대로 추진할 것인지, 불가피하게 수정이 필요하니 그 절차를 밟을 것인지 뭔가 방침을 밝히고 해법을 제시하는 것이 책임지는 자세다. 이 대통령이 2007년 11월 28일 당시 대통령 후보로서 했던 이 약속은 어찌할 건가? "이명박이 대통령 되면 행복도시를 중단할 것이라고 오해하는 분들이 있습니다. 그러나 약속한 것은 반드시 지키도록 하겠습니다."

> 하지만 세종시의 앞날이 불투명해지면서 민간부문의 사업진행은 거의 중단됐습니다. 1만 5천여 세대의 민간아파트를 공급할 계획인 시범주거지역 건설현장에는 잡초만 무성합니다. **당초** 이곳에 아파트를 짓기로 하고 계약금까지 냈던 건설사들 가운데 두 곳이 최근 계약을 해지했고, 나머지 업체들도 중도금을 전혀 내지 않고 있는 상황입니다.
> 주택공사가 추진하고 있는 7천 세대 규모의 첫 마을 단지도 올 연말 분양이 목표지만, 예정대로 이뤄질지 미지수입니다.

'당초'(當初)는 '일이 생기기 시작한 처음'이다. '애초'는 한자 '초'(初) 앞에 '애'가 붙었다. '애'는 '아이'의 준말로 '시작'의 의미를 더한 것이다. '애초'의 뜻은 '맨 처음'으로 '당초'와 차이가 없다. '애당초'는 둘이 합쳐진 단어로 역시 뜻에는 차이가 없다. 셋 다 사전에 등재된 표준어로 틀린 단어는 아니지만 이 중에 '애초'가 순화용어이다. 뜻이 같고 어색하지 않다면 한자어가 아닌 순우리말, 한자어가 덜 쓰인 말이 편하고 쉬운 말이다.

뜻이 같은 말을 다양하게 구사하는 것은 글쓰기의 묘미이자 글쓰는 이의 재량이겠으나 방송기사 문장에서는 '당초'나 '애당초'보다 이왕이면 '애초'를 쓰는 게 좋겠다. 더구나 '처음', '미리', '이미'로 더 쉽게 써도 되는데 구태여 '당초'나 '애초'를 쓸 필요는 없겠다. 문맥상 아예 필요가 없는데도 버릇처럼 쓰인 때도 많다.

2009. 9. 14

조만간 철수하게 될 주한미군의 아파치 헬기 대신 **당초 알려진** A-10 공격기가 아닌 F-16 전투기가 배치됩니다.

➜ 조만간 철수하게 될 주한미군의 아파치 헬기 대신 **애초 알려진** A-10 공격기가 아닌 F-16 전투기가 배치됩니다.

➜ 조만간 철수하게 될 주한미군의 아파치 헬기 대신 **이미 알려진** A-10 공격기가 아닌 F-16 전투기가 배치됩니다.

한국은행은 그러나 5만 원권은 **당초 계획대로** 올 6월 이전에 발행하기로 했습니다.

➜ 한국은행은 그러나 5만 원권은 (**애초**) **계획대로** 올 6월 이전에 발행하기로 했습니다.

➜ 한국은행은 그러나 5만 원권은 (**처음**) **계획대로** 올 6월 이전에 발행하기로 했습니다.

당초 경기침체로 정규직 채용이 지난해 절반 수준으로 줄어들 것이란 우려가 있었지만 일자리 나누기 분위기 속에 기업들이 채용규모를 늘려 잡고 있습니다.

➜ (**애초**) 경기침체로 정규직 채용이 지난해 절반 수준으로 줄어들 것이란 우려가 있었지만 일자리 나누기 분위기 속에 기업들이 채용규모를 늘려 잡고 있습니다.

안면도 국제꽃박람회가 어제 막을 내렸습니다. **당초** 목표보다 배나 많은 관람객이 찾아와 태안 기름유출사고 이후 또 한 번의 기적을 연출했다는 평가를 받았습니다.

➜ 안면도 국제꽃박람회가 어제 막을 내렸습니다. (**애초**) 목표보다 배나 많은 관람객이 찾아와 태안 기름유출사고 이후 또 한 번의 기적을 연출했다는 평가를 받았습니다.

➜ 안면도 국제꽃박람회가 어제 막을 내렸습니다, (**처음**) 목표보다 배나 많은 관람객이 찾아와 태안 기름유출사고 이후 또 한 번의 기적을 연출했다는 평가를 받았습니다.

이번 달 27일 이후에나 시험이 가능하게 됐다며, 이 시험을 마친 후에 **당초** 30일로 예정됐던 나로호 발사일정을 재협의하자고 제안했습니다.

→ 이번 달 27일 이후에나 시험이 가능하게 됐다며, 이 시험을 마친 후에 (**애초**) 30일로 예정됐던 나로호 발사일정을 재협의하자고 제안했습니다.

현 회장은 **당초** 2박 3일 일정으로 지난주 월요일 출발했지만, 김정일 국방위원장과의 면담이 계속 지연되면서 체류일정도 다섯 차례나 연장돼 결국 7박 8일로 늘어났습니다.

→ 현 회장은 (**애초**) 2박 3일 일정으로 지난주 월요일 출발했지만, 김정일 국방위원장과의 면담이 계속 지연되면서 체류일정도 다섯 차례나 연장돼 결국 7박 8일로 늘어났습니다.

→ 현 회장은 (**처음엔**) 2박 3일 일정으로 지난주 월요일 출발했지만, 김정일 국방위원장과의 면담이 계속 지연되면서 체류일정도 다섯 차례나 연장돼 결국 7박 8일로 늘어났습니다.

24. 실시하다

신종 인플루엔자에 대한 공포가 커지고 있다. 이런 와중에 정부가 중심을 못 잡고 지자체 행사를 취소하랬다 다시 그냥 하랬다 오락가락하고 있으니 더 불안하고 혼란스럽다. 지금까지 우리나라에서 확인된 신종플루 환자는 1만 명이 넘었고 8명이 숨졌다. 산술적으로 치사율 0.08%다. 나머지는 대부분 치료가 됐다. 이 정도면 전염성 질환 가운데 그리 치명적인 게 아니다. 감염된 줄도 모르고 앓고 넘어간 사람까지 고려하면 치사율은 더 낮아진다. 게다가 사망자 대부분은 평소 질환이 있었던 이른바 고위험군 환자로 확인됐다. 그렇다고 위험성을 평가절하해서는 안 된다는 게 전문가들의 경고다. 전파력이 워낙 강하고 변이 가능성도 있기 때문이다. 각자 위생관리를 철저히 해 감염확률을 낮추는 게 우선이다. 그리고 정부는 호들갑만 떨 게 아니라 백신과 치료약을 서둘러 충분히 확보하는 데 힘을 쏟고 방역체계를 점검해 더욱 강화해야 마땅하다.

임상시험 대상자로 신종플루 1차 접종을 받은 사람들은 2주 뒤에 항체가 얼마나 생기는지 검사를 받습니다. 항체가 충분히 생긴다면 1회 접종으로도 백신이 효과가 있음을 의미하기 때문에 1회 접종으로 허가를 받을 가능성이 높습니다.[1] 다국적 제약사들이 해외에서 신종플루 백신에 대한 **임상시험을 실시한 결과**, 1회 접종으로도 항체가 충분히 형성된 것으로 나타났습니다. 미국도 1회 접종 신종플루 백신을 공식 승인했습니다.

표준국어대사전에 따르면 '실시하다'는 '실제로 시행하다'의 뜻이다. '시행하다'도 '실지로 행하다'의 뜻이고, '행하다'도 '어떤 일을 실제로 해 나가다'의 뜻이다. 그러니까 '실시하다'는 뭔가를 '실제로 하다'는 말이다. 거짓이나 상상이 아니라 '실제'라고 꼭 강조해 밝혀야 때가 아니면 그냥 '하다'로 써도 충분하다는 결론이 나온다.

위 예문에서 임상시험을 '거짓이나 상상이 아니라 진짜' 했다고 힘주어 밝힐 까닭이 없다. 그냥 '임상시험을 한 결과'로 고쳐 쓰면 된다. 이처럼 방송기사에 쓴 '실시하다'의 대부분은 '실제로'의 뜻을 구태여 더할 필요가 없는 경우다. '하다'로 쓰는 게 훨씬 쉽고 바람직한 우리말 표현이다.

2009. 9. 16

1) 이것도 잘못이다. 가능성은 '크다, 작다'로 표현해야 맞다.

예

강원도교육청은 지난해 11월 초등학교 4, 5학년을 대상으로 **학업성취도 평가를 실시했습니다**.

➜ 강원도교육청은 지난해 11월 초등학교 4, 5학년을 대상으로 **학업성취도 평가를 했습니다.**

➜ 강원도교육청은 지난해 11월 초등학교 4, 5학년을 대상으로 **학업성취도를 평가했습니다.**

미 상원은 우리 시간 오늘 오전 야당인 공화당의 필리버스터링, 즉[2] 경기부양법안에 대한 무기한 반대토론을 끝내기 위한 **표결을 실시합니다**.

➜ 미 상원은 우리 시간 오늘 오전 야당인 공화당의 필리버스터링, 즉 경기부양법안에 대한 무기한 반대토론을 끝내기 위한 **표결을 합니다.**

이명박 대통령 취임 1주년을 앞두고 KBS가 국정평가와 향후 과제에 대한 **여론조사를 실시한 결과** 이 대통령의 국정지지도가 36.3%로 나타났습니다.

➜ 이명박 대통령 취임 1주년을 앞두고 KBS가 국정평가와 향후 과제에 대한 **여론조사를 한 결과** 이 대통령의 국정지지도가 36.3%로 나타났습니다.

연평도를 비롯한 서해 5도 주둔부대들은 모두 북한의 해안포 발사를 비롯한 국지적 도발 가능성[3]에 **대비한 훈련을 실시할** 예정입니다.

➜ 연평도를 비롯한 서해 5도 주둔부대들은 모두 북한의 해안포 발사를 비롯한 국지적 도발 우려에 **대비한 훈련을 할** 예정입니다.

➜ 연평도를 비롯한 서해 5도 주둔부대들은 모두 북한의 해안포 발사를 비롯한 국지적 도발 우려에 **대비해 훈련할** 예정입니다.

2) '곧'이나 '바로'로 고쳐 쓰자.

3) '가능성'은 긍정적인 뜻이니까 부정적인 뜻의 '우려'여야 맞다. 앞서 언급했다.

지난해 말 KT에 이어 SK브로드밴드와 LG텔레콤이 올 초 상용화 **서비스를 실시했는데요**, 앞으로 풀어야 할 과제도 만만치 않아 보입니다.

➜ 지난해 말 KT에 이어 SK브로드밴드와 LG텔레콤이 올 초 상용화 서비스를 시작했는데요,[4] 앞으로 풀어야 할 과제도 만만치 않아 보입니다.

한편, 선거에 참패한 자민당은 아소 총리가 총재직 사퇴를 표명함에 따라 오는 28일 총재 **선거를 실시하기로** 했습니다.

➜ 한편, 선거에 참패한 자민당은 아소 총리가 총재직 사퇴를 표명함에 따라 오는 28일 총재 **선거를 하기로** 했습니다.

4) 앞에 '올 초'라는 시점이 있어서 단순하게 '하다'보다는 '시작하다'가 더 어울린다.

25. ~와의

박원순 변호사가 밝힌 국정원의 사찰 의혹은 구체적이다. 강연한 재단에 찾아가 속속들이 탐문을 하고, 기업의 사외이사 활동내역도 시시콜콜 캐묻고 다녔다니 이 정도면 지독한 스토커 수준이다. '아름다운가게', '아름다운커피' 사업에도 개입해 방해했다고 한다. 이런 의혹을 언론 인터뷰에서 제기했으면 명명백백히 사실을 밝히고 해명하는 게 우선이겠건만, 명예훼손을 이유로 손해배상소송을 제꺽 제기했으니 적반하장도 유분수이지 기가 찰 노릇이다. 눈엣가시 같은 인물은 기필코 찍어 매장해버리겠다는 권위적 · 음모적 술수도 모자라 쓴 소리는 한 마디라도 용납하지 않겠다는 오만함마저 느껴진다. 게다가 명예를 훼손당했다면 국정원장 이름으로 소송을 낼 것이지 감히 '대한민국'을 원고로 했다니 소가 웃을 일이다. 국정원이야말로 대한민국의 명예를 더럽히고 있다.

국정원의 민간사찰 의혹을 제기했다 피소당한 박원순 변호사가 기자회견을 가졌습니다. 온건파 활동가로 알려진 박 변호사가 오늘은 작심한 듯 국정원에 대한 비판을 쏟아냈습니다.
OOO 기자입니다.

희망제작소 상임이사인 박원순 변호사가 지난 6월 **시사 주간지와의 인터뷰에서** 국정원 불법 민간사찰을 언급한 데 대해 국정원은 그제 박 변호사에 대해[1] 명예훼손으로 2억 원의 손해배상 청구소송을 냈습니다. 이에 대해 박원순 상임이사는 오늘 기자회견을 열고 작심한 듯 말을 쏟아 냈습니다.

'의'는 체언, 곧 명사나 대명사, 수사 뒤에 붙는 조사다. '와'도 조사다. 조사 둘을 억지로 이어 붙인 '와의'는 엉터리 표현이다. 어떤 사전에서는 '의'를 설명하면서 '와의'도 용례로 인정하고 있지만 잘못이다. 대부분은 '의'를 생략하고 '와'만 써도 뜻이 자연스럽다.

위 예문은 '의'를 생략해 '시사 주간지와 인터뷰에서'로 쓰거나 '와의'를 다 생략해 '시사 주간지 인터뷰에서'로 쓰면 된다. '시사 주간지와 한 인터뷰에서'로 고쳐 써도 된다. '과의', '에의' 등도 마찬가지다.

2009. 9. 17

1) 윗줄에 이어 '~에 대해'를 또 쓰고 바로 다음 문장도 '이에 대해'로 시작해 어색하다. '박 변호사를 상대로' 정도로 고쳐 쓰면 자연스럽다.

차기 상무장관에 내정된 리처드슨 주지사가 오늘 **업체와의 유착문제로** 지명을 자진철회하면서 오점을 남겼습니다.

➜ 차기 상무장관에 내정된 리처드슨 주지사가 오늘 **업체(와) 유착문제로** 지명을 자진철회하면서 오점을 남겼습니다.

EU와 인도, 캐나다, 그리고 걸프협력기구 **산유국들과의 FTA 협상을 올해 안에** 끝낼 계획입니다.

➜ EU와 인도, 캐나다, 그리고 걸프협력기구 **산유국들과 (하는) FTA 협상을 올해 안에** 끝낼 계획입니다.

➜ EU와 인도, 캐나다, 그리고 걸프협력기구 **산유국들과 올해 안에 FTA 협상을** 끝낼 계획입니다.

최근 **멕시코와의 세 차례 맞대결에서** 모두 이겼던 대표팀은 쿠바보다는 수월한 상대로 평가하고 있습니다.

➜ 최근 **멕시코와 세 차례 맞대결에서** 모두 이겼던 대표팀은 쿠바보다는 수월한 상대로 평가하고 있습니다.

➜ 최근 **멕시코와 세 차례 맞대결해** 모두 이겼던 대표팀은 쿠바보다는 수월한 상대로 평가하고 있습니다.

지난해 서울 장안동을 시작으로 경찰은 **성매매와의 전쟁을** 선포하며 대대적인 단속을 벌였습니다.

➜ 지난해 서울 장안동을 시작으로 경찰은 **성매매와 전쟁을** 선포하며 대대적인 단속을 벌였습니다.

금호아시아나그룹 박찬구 전 석유화학부문 회장이 자신을 해임한 조치에 대해 법적 대응방침을 밝혀, 형인 **박삼구 명예회장과의 다툼이** 법정으로까지 갈 것으로 보입니다.

→ 금호아시아나그룹 박찬구 전 석유화학부문 회장이 자신을 해임한 조치에 대해 법적 대응방침을 밝혀, 형인 **박삼구 명예회장과 벌이는 다툼이** 법정으로까지 갈 것으로 보입니다.

영국의 과학자들이 돌고래와 대화를 시도하기 위한 특별한 장치를 발명했습니다. **동물과의 대화**, 정말 가능한 일일까요?

→ 영국의 과학자들이 돌고래와 대화를 시도하기 위한 특별한 장치를 발명했습니다. **동물과 대화**, 정말 가능한 일일까요?

이 신문은 북한의 로켓발사, 핵실험 등에도 불구하고 미국이 **북한과의 대화에 응하고** 한국도 미국의 결정에 따르게 된 것은 북한이 외교적 승리를 거둔 것이라고 지적했습니다.

→ 이 신문은 북한의 로켓발사, 핵실험 등에도 불구하고 미국이 **북한과 대화에 응하고** 한국도 미국의 결정에 따르게 된 것은 북한이 외교적 승리를 거둔 것이라고 지적했습니다.

26. 과반수 이상

상급 노동단체 가입은 조합원들의 의사에 따라 자율적으로 결정하면 될 일이다. 공무원노조법에 상급단체 가입을 제한하는 규정도 없다. 그런데도 정부와 한나라당은 민주노총의 정치적 활동을 문제삼아 민주노총 가입이 부적절하다고 연일 견제구를 던져댄다. 투표를 막으려고까지 한다. 이런 태도야말로 부적절하다. 어차피 공무원노조는 현행법상 단체행동권이 없어 민주노총에 가입하더라도 파업과 같은 집단행동은 할 수가 없다. 만약 법에 어긋나는 행위를 한다면 그때 가서 처벌하면 될 일이다. 미리 위법이네, 불법이네 하는 건 민주노총을 적대시하는 그릇된 인식을 고스란히 드러내는 것이다. 더욱이 정부와 한나라당은, 공무원노조협의회 소속 공무원 3만 5천여 명이 상급단체인 한국노총에 가입해 있는 사실에는 문제를 제기한 적이 없다. 한국노총은 지난 대선 때부터 한나라당 편에 섰다.

가칭 '전국 통합 공무원노조' 출범 찬반 투표는 3개 공무원 노조지부별로 아침 8

시 출근길부터 시작됐습니다. 일부 조합원들은 점심시간을 이용해 식당 앞 투표소에서 투표하기도 했습니다.

신광용(전공노 수석지부장): 법상의 하자가 없는 투표행위이다, 이렇게 알아주시기를 바라겠습니다.

통합안은 전체 조합원 11만 명의 **과반 이상** 투표에 2/3 찬성이면 통과됩니다. 투표율과 결과는 내일 실시되는 민노총 가입투표가 끝난 뒤 함께 발표될 예정입니다.

'과반'은 글자 그대로 절반을 넘었다는 뜻이다. '과반수'는 절반을 넘는 수를 말한다. 곧 '과반'과 '과반수'에는 이미 '이상'의 뜻이 들어있다. 같은 뜻을 가진 말이 쓸모없이 겹쳐 있는 잘못된 표현인데도 일상에서뿐 아니라 기사 문장에서도 무심코 '과반 이상'이나 '과반수 이상'이란 말을 많이 쓴다. '과반을 넘었다', '과반수를 넘었다'도 역시 그릇된 표현이다.

2009. 9. 21

예

행안부는 다음 달부터 전문기관에 여론조사를 의뢰해 **과반 이상 찬성이** 나오면 시의회 의결을 거쳐 통합을 추진하겠다고 밝혔습니다.

→ 행안부는 다음 달부터 전문기관에 여론조사를 의뢰해 **과반의 찬성이** 나오면 시의회 의결을 거쳐 통합을 추진하겠다고 밝혔습니다.

→ 행안부는 다음 달부터 전문기관에 여론조사를 의뢰해 **절반 이상 찬성이** 나오면 시의회 의결을 거쳐 통합을 추진하겠다고 밝혔습니다.

1위가 득표율의 **과반을 넘지 않으면** 오는 18일 1, 2위 후보간 최종 결선투표가 예정됐었습니다.[1)]

→ 1위가 득표율의 **과반에 못 미치면** 오는 18일 1, 2위 후보간의 최종 결선투표가 예정됐습니다.

→ 1위가 득표율의 **절반을 넘지 않으면** 오는 18일 1, 2위 후보간의 최종 결선투표가 예정됐습니다.

민주당은 전체 480개 의석 가운데 **과반수를 훨씬 넘긴** 308석, 전후 일본 정치사상 최대의 의석을 차지했습니다.

→ 민주당은 전체 480개 의석 가운데 **반수를 훨씬 넘긴** 308석, 전후 일본 정치사상 최대의 의석을 차지했습니다.

민주당이 **과반수를 훨씬 넘는** 의석을 확보하고 있기 때문에 상원 통과는 시간문제입니다.

→ 민주당이 **반수를 훨씬 넘는** 의석을 확보하고 있기 때문에 상원 통과는 시간문제입니다.

1) 지나친 과거완료형으로 어색한 표현이다. 과거에 예정됐다가 취소된 상황이어도 '예정됐습니다'면 된다. 어차피 앞뒤 문장에서 알 수 있다.

주민소환 투표법상 주민소환이 되는 경우는 투표 인원수의 1/3 이상이 투표하고 찬성이 투표자의 **과반수를 넘어야** 합니다.[2)]

→ 주민소환 투표법상 주민소환이 되는 경우는 투표 인원수의 1/3 이상이 투표하고 찬성이 투표자의 **반수를 넘어야** 합니다.

주말 동안 당 소속의원들의 여론을 수렴해 **과반 이상이** 연기에 찬성하면 당 지도부에 의원총회 개최를 요청할 방침입니다.

→ 주말 동안 당 소속의원들의 여론을 수렴해 **반 이상이** 연기에 찬성하면 당 지도부에 의원총회 개최를 요청할 방침입니다.

2) 주술관계도 틀렸다. 이렇게 고치자. '주민소환 투표법상 주민소환은 투표 인원수의 1/3 이상이 투표하고 찬성이 투표자의 반수를 넘어야 합니다', 또는 '주민소환 투표법상 투표 인원수의 1/3 이상이 투표하고 찬성이 투표자의 반수를 넘어야 주민소환이 됩니다'.

27. 알려졌습니다

한국과 미국의 엇박자가 심상치 않다. 이명박 대통령이 자신만만하게 국제사회에 내놓은 북핵문제 해법에 미국의 반응이 영 냉담하다. 뜬금없는 소리라는 당혹감, 불쾌감마저 느껴진다. 미국은 클린턴 전 대통령의 방북을 계기로 확실히 변했다. 북한도 변했다. 태도변화는 곧 미국 정부의 북-미 양자회담 방침과 북한의 양자 및 다자회담 희망 천명으로 이어졌다. 북핵문제가 대화를 통한 해결분위기로 가고 있는데 한국 정부는 변하지 않았다. 오히려 외교부장관이 "북한의 핵무기가 남한을 겨냥한 것"이라고 냉전적 발언을 하며 대화분위기에 찬물을 끼얹었다. 이 대통령의 제안에 대한 미국정부의 반응은 이런 흐름과 무관하지 않다. 더 염려스러운 건 비단 미국만이 아니라 일본, 중국도 한국의 강경한 대북정책을 외면하는 모양새라는 점이다. 홀로 역주행하는 꼴이다.

북한의 핵 포기와 그에 따른 보상을 한 번에 매듭짓자는 이명박 대통령의 이른바

'그랜드 바게닝' 구상에 대해 오늘 미국측은 잘 모르겠다는 반응을 보였습니다. 커트 캠벨 국무부 동아태 차관보는 그런 제안을 알지 못한다고 기자들에게 말했고, 켈리 국무부 대변인 역시 이 대통령 개인의 정책이라며 거리를 뒀습니다.

이언 켈리(미 국무부 대변인): "이 대통령의 정책이고 그의 언급이기 때문에 제가 논평할 문제는 아니라고 생각합니다."

어제 뉴욕에서 열린 한미 외교장관회담에서도 그랜드 바겐에 대한 논의는 **없었던**[1] **것으로 알려졌습니다**.

알려지는 건 어떤 사실을 다른 사람들이 듣고 알게 되는 것이다. 숨겨졌던 사실, 새로운 내용을 소문이나 풍문을 통해 여러 사람들이 알게 됐다는 의미가 강하다. 방송기사에서 보이는 '알려지다'는 이런 본래 뜻과는 좀 다르다. 주로 정치나 외교 기사, 검경이 수사중인 사건기사 따위에서 누구인지를 명확히 밝힐 수 없는 취재원한테 확인한 사실을 전달할 때 유용하다.

그러나 이 기사에서는 그 쓰임이 너무 모호하다. 본디 의미대로 여러 사람이 알게 된 것도 아니고, 그렇다고 누가 누구에게 알렸다는 건지도 불분명하다. 한마디로 무책임한 기사문장이다.

'전해졌습니다'도 마찬가지다. '익명의 관계자가 밝혔습니다', '복수의 취재원이 전했습니다'와 같이 주어를 밝히고 능동형으로 써야 바른 문장, 바람직한 기사가 된다. 더불어, '알렸습니다'나 '밝혔습니다', '전했습니다' 앞에 붙여 쓰는 '~것으로'는 '~라고'나 '~다고' 등으로 고쳐 써야 자연스럽다.

2009. 9. 23

---

1) '없던'이면 족하다. 영 익숙지 않으면 '하지 않은'으로 고쳐보자.

예

박 회장은 수사과정에서 탈세혐의에 대해서는 일부 인정하면서도 휴켐스 인수 로비에 대해서는 **부인한 것으로 알려졌습니다.**

➜ 박 회장은 수사과정에서 탈세혐의에 대해서는 일부 인정하면서도 휴켐스 인수 로비에 대해서는 **부인했다고 익명의 수사관계자가 알렸습니다.**

➜ 박 회장은 수사과정에서 탈세혐의는[2] 일부 인정하면서도 휴켐스 인수 로비는 **부인했다고 익명의 수사관계자가 전했습니다.**

두 정상은 오늘 회담에서 한일 양국관계의 발전방향과 경제분야의 실질협력 증진방안을 **논의하고 있는 것으로 알려졌습니다.**

➜ 두 정상은 오늘 회담에서 한일 양국관계의 발전방향과 경제분야의 실질협력 증진방안을 **논의하고 있다고 청와대 관계자가 전했습니다.**

한미 정보당국은 이에 따라 군사위성 등 첩보장비를 동원해 북측의 이상징후를 정밀 **추적하고 있는 것으로 알려졌습니다.**

➜ 한미 정보당국은 이에 따라 군사위성 등 첩보장비를 동원해 북측의 이상징후를 정밀 **추적하고 있다고 한 정보소식통이 밝혔습니다.**

천 회장은 사업체 인수합병 과정에서 주가를 조작한 **혐의도 받고 있는 것으로 알려졌습니다.**

➜ 천 회장은 사업체 인수합병 과정에서 주가를 조작한 **혐의도 받고 있다고 수사관계자가 전했습니다.**

➜ **검찰관계자는** 천 회장이 사업체 인수합병 과정에서 주가를 조작한 **혐의도 받고 있다고 말했습니다.**

---

2) 앞에서 살펴본 어색한 표현 '~에 대해서'를 바로잡았다.

김정일 국방위원장은 북한 핵문제와 관련해 양자뿐 아니라 다자대화도 **원하고 있다고 말한 것으로 전해졌습니다.**

➜ 김정일 국방위원장은 북한 핵문제와 관련해 양자뿐 아니라 다자대화도 **원한다고 말했다고 중국 언론이 전했습니다.**

➜ 김정일 국방위원장은 북한 핵문제와 관련해 양자뿐 아니라 다자대화도 **원한다고 말했다고 중국 신화통신이 보도했습니다.**[3]

➜ **중국 신화통신은** 김정일 국방위원장이 북한 핵문제와 관련해 양자뿐 아니라 다자대화도 **원한다고 말했다고 보도했습니다.**

피해자인 딸은 4년 전 경찰서를 찾았다 보복을 두려워한 나머지 고소를 포기했다가, 지난해 6월에야 다시 경찰에 **성폭행 사실을 알린 것으로 전해졌습니다.**

➜ 피해자인 딸은 4년 전 경찰서를 찾았다 보복을 두려워한 나머지 고소를 포기했다가, 지난해 6월에야 다시 경찰에 **성폭행 사실을 알렸다고 〈헤럴드 선〉이 보도했습니다.**[4]

---

3) 기사 전체를 보면 해당내용을 중국 신화통신이 보도했다고 나온다. 그 보도를 토대로 작성한 기사다. 밝힐 수 있는 출처가 분명한데도 밝히지 않은 것은 명백한 잘못이다.

4) 호주의 일간지 〈헤럴드 선〉의 보도를 인용한 기사다. 출처를 밝히면 문장이 깔끔해진다.

28. 소지

더 이상 자리에 연연하는 건 사법부 전체를 욕보이는 일이다. 신영철 대법관은 서울중앙지방법원장 때 판사들에게 '촛불재판'을 서두르라고 여러 차례 이메일을 보낸 사실이 이미 드러났다. 대법원 윤리위원회에 회부되고 후배 판사들이 집단으로 들고 일어서 그의 사퇴를 촉구하는 사태까지 있었다. 그 문제의 발단이 바로 야간집회 금지조항이다. 헌법재판소의 이번 결정은 헌법이 보장하는 집회-시위의 자유를 보장하는 당연한 판결이자, 신 대법관의 당시 행동이 부당했다는 걸 다시금 명확히 밝힌 것이나 다름없다. 늦었지만 지금이야말로 신 대법관이 스스로 물러날 마지막 기회다.

현행 집시법은 해가 뜨기 전이나 해가 진 후 옥외집회를 금지하되, 부득이한 경우에는 사전허가를 받도록 하고 있습니다. 하지만 지난해 10월 당시 서울중앙지법 박재영 판사는 촛불집회를 주도한 혐의로 기소된 안진걸 씨의 신청을 받아들여 이 조항이 **위헌의 소지가 있다며** 위헌법률 심판을 제청했습니다. 그러자 다른 판사들도 헌법재판소의 결정을 기다리며 재판을 중단했고, 당시 신영철 서울중앙지법원장은 재판을 그대로 진행하라는 이메일을 보내 재판개입 의혹을 촉발시켰습니다.[1] 헌법재판소는 오늘 이 조항에 대해 재판관 다수의 의견으로 헌법 불합치 결정을 내리고 내년 6월까지 법을 개정하도록 했습니다.

'소지'(素地)는 주로 '분쟁의 소지', '오해의 소지', '위법의 소지', '악용할 소지'처럼 '～의 소지' 또는 '～할 소지'의 형태로 쓴다. '어떤 일을 이루거나 이루게 될 가능성'이라는 의미다. '소지'는 본디 '본래의 바탕', '사물의 바탕'인데, '소지' 홀로 있을 때 이 뜻을 제대로 아는 이는 그리 많지 않을 듯하다.

본뜻이 낯선 어려운 한자어인데다, 기사를 매끄럽게 하기보다 딱딱하게 하는 죽은 표현이므로 될 수 있으면 풀어쓰는 게 낫다. 위 예문은 '위헌일 수 있다며'나 '위헌의 개연성이 있다며' 정도로 바꾸면 된다.

2009. 9. 24

1) '촉발했습니다', 또는 '불러일으켰습니다'로 쓰면 편하다.

예

대법원 진상조사단은 신영철 대법관이 간담회와 여러 차례 이메일을 통해 판결을 재촉한 것이, 재판진행에 관여한 것으로 **볼 소지가 있다고** 밝혔습니다.

➜ 대법원 진상조사단은 신영철 대법관이 간담회와 여러 차례 이메일을 통해 판결을 재촉한 것이, 재판진행에 관여한 것으로 **볼 수 있다고** 밝혔습니다.

재개발이 될 경우 상가세입자들은 초기 투자금을 대부분 잃을 수밖에 없어 늘 **갈등의 소지를** 안고 있습니다.

➜ 재개발이 될 경우 상가세입자들은 초기 투자금을 대부분 잃을 수밖에 없어 늘 **갈등의 불씨를** 안고 있습니다.

한나라당은 4월 재보선을 앞두고 **분란의 소지가 있다며** 당협위원장 문제를 5월로 미루기로 했지만 갈등은 쉽게 가라앉지 않을 것으로 보입니다.

➜ 한나라당은 4월 재보선을 앞두고 **분란의 우려가 있다며** 당협위원장 문제를 5월로 미루기로 했지만 갈등은 쉽게 가라앉지 않을 것으로 보입니다.

➜ 한나라당은 4월 재보선을 앞두고 **분란이 일 수 있다며** 당협위원장 문제를 5월로 미루기로 했지만 갈등은 쉽게 가라앉지 않을 것으로 보입니다.

폐기처분돼야 할 용기는 구멍을 뚫을지, 절단을 할지, 명확한 규정이 없기 때문에 언제든 불법 **재활용될 소지가 남아있는** 상황입니다.

➜ 폐기처분돼야 할 용기는 구멍을 뚫을지, 절단을 할지, 명확한 규정이 없기 때문에 언제든 불법 **재활용될 우려가 있는** 상황입니다.

법원은 정 의원 등이 뉴타운사업과 관련해 허위 또는 과장으로 공약을 내건 혐의가 있어 **선거법 위반의 소지가 있다고** 봤습니다.

→ 법원은 정 의원 등이 뉴타운사업과 관련해 허위 또는 과장으로 공약을 내건 혐의가 있어 **선거법을 위반한 개연성이 있다고** 봤습니다.

→ 법원은 정 의원 등이 뉴타운사업과 관련해 허위 또는 과장으로 공약을 내건 혐의가 있어 **선거법을 어겼을 수 있다고** 봤습니다.

김 의원은 병사용 진단서를 남발하는 병원에 대한 감독을 강화하고, **병역비리 소지가 있는** 질환에 대해선 진료기록부 추적 등의 사후관리가 필요하다고 지적했습니다.

→ 김 의원은 병사용 진단서를 남발하는 병원에 대한 감독을 강화하고, **병역비리 우려가 있는** 질환에 대해선 진료기록부 추적 등의 사후관리가 필요하다고 지적했습니다.

오세훈 서울시장은 자신이 뉴타운 추가지정에 동의했다고 한나라당 정몽준 최고위원이 **오해할 소지가 있었다고** 법정에서 진술했습니다.

→ 오세훈 서울시장은 자신이 뉴타운 추가지정에 동의했다고 한나라당 정몽준 최고위원이 **오해할 부분이 있었다고** 법정에서 진술했습니다.

29. ~에, ~에서

수십 년 기다림에도 속절없이 눈을 감아야 하는 이산가족의 한을 어떻게 달랠 것인가? 통일부 집계에 따르면 이산가족정보통합센터에 등록한 이산가족찾기 신청자 12만 7천여 명 가운데 4만 7천여 명이 이미 사망했다. 지금도 상봉을 기다리는 8만 7천여 명 가운데 76%가 70세 이상 노인이다. 거의 2년 만에 어렵사리 재개된 남북이산가족 상봉행사가 더 이상은 중단 없이 계속되어야 하는 명확한 이유다. 이런저런 이유로 '경색과 해빙의 롤러코스터'를 탈 수밖에 없다고 남북관계의 특수성을 인정하더라도 이산가족 상봉문제는 이와 별개다. 헤어져 있는 누구든지 당장 부모의 생사를 확인할 수 있어야 한다. 상봉을 원하는 누구든지 언제라도 형제를 만날 수 있어야 한다. 피를 나눈 부모형제의 만남은 어떠한 이념이나 사상의 차이로도 가로막을 수 없는 인도주의의 문제다.

지난해 7월 완공 이후 오늘 처음 문을 연 **금강산 이산가족 면회소에는** 남측가족

97명과 동반가족 30명 북측가족 240명이 만나 눈물바다를 이뤘습니다. 2007년 10월 이후 1년 11개월 만에, 그리고 현 정부 들어 처음 성사된 상봉행사는 순조롭게 첫날 일정을 마무리했습니다. 이산가족들은 내일 금강산호텔 객실에서 개별상봉을 하고 함께 점심식사를 같이 한 뒤 오후에는 야외상봉하며 북측가족들과 하루를 보냅니다.

장소를 나타내는 조사인 '에'와 '에서'는 차이가 있다. '에'는 움직임이 없는 정적인 개념, 존재의 장소에 쓰는 반면 '에서'는 동적인 개념, 활동하는 장소에 쓴다.

국립국어원 표준국어대사전도 '에'는 '앞말이 처소의 부사어임을 나타내는 격 조사'라고 풀이하지만, '에서'는 '앞말이 행동이 이루어지고 있는 처소의 부사어임을 나타내는 격 조사'라고 풀이해 동적인 개념임을 분명히 나타내고 있다. '그 집은 들판에 있다 : 아이들이 들판에서 뛰어논다', '산에 꽃이 핀다 : 산에서 새가 운다'의 예를 보면 쉽게 알 수 있다. 상황에 맞게 구별해서 써야 한다.

위 예문은, 이산가족이 만나는 행동이 일어나는 장소니까 '에서는'으로 고쳐 써야 한다.

2009. 9. 26

실제로 **장안동 거리에는** 호객꾼들이 행인들에게 접근해 은밀하게 마사지를 권유하고 있었습니다.

➜ 실제로 **장안동 거리에서는** 호객꾼들이 행인들에게 접근해 은밀하게 마사지를 권유하고 있었습니다.

대형할인점 이마트의 정육코너. 지난달 29일까지 나흘 동안 **이곳에** 삼겹살 할인행사가 열렸습니다.

➜ 대형할인점 이마트의 정육코너. 지난달 29일까지 나흘 동안 **이곳에서** 삼겹살 할인행사가 열렸습니다.

원조우시 **주변에서는** 한 집 건너 한 집 단위로 가내 수공업형 공장이 있습니다.

➜ 원조우시 **주변에는** 한 집 건너 한 집 단위로 가내 수공업형 공장이 있습니다.

신안군 **임자도에는** 무려 5백만 송이, 종류도 마흔 가지가 넘는 환상적인 튤립의 향연이 펼쳐지고 있습니다.

➜ 신안군 **임자도에서는** 무려 5백만 송이, 종류도 마흔 가지가 넘는 환상적인 튤립의 향연이 펼쳐지고 있습니다.

고영민 선수가 나온 **성남고에는** 5백여 명의 학생들이 응원전에 나섰습니다.

➜ 고영민 선수가 나온 **성남고에서는** 학생 5백여 명이[1] 응원전에 나섰습니다.

1) '5백 명의 학생들이'는 '학생 5백 명이'로 고쳐야 옳다.

30. ~적

'이중잣대' 논란도, '비리백화점' 꼬리표도 총리 임명에 걸림돌이 되진 않았다. 지지율 50%를 넘나드는 청와대나 절대다수 의석을 차지하고 있는 한나라당으로선 당연한 선택일 게다. 앞으로가 문제다. 이미 흠집이 날 만큼 나버린 정운찬 총리가 소신껏 국정을 이끌 수 있을까 의문이다. 그가 공언한 것처럼 과연 대통령에게 할 말은 할 수 있을까 미심쩍다. 국민의 지지 없이는 불가능한 일이다. 청문회 과정에서 불거진 숱한 흠결에 실망해버린 국민의 마음을 되돌려 등에 업어야만 가능한 일이다. 방법은 있다. 위를 올려보지 말고 아래를 섬겨야 한다. 진짜 민심을 살펴 보듬어야 한다. 그러기 위해 가장 먼저 해야 할 일은 약속한 대로 용산참사 문제를 해결하는 일이다. 조건 없이 당장 유족을 만나라. 그리고 책임지고 매듭을 풀어라.

여권은 중도성향인 정 총리의 총리임명을 계기로 친서민 실용정책을 더욱 **적극적으로** 추진하고 선거제도와 행정구역 개편 등 정치개혁에도 속도를 내겠다는

구상입니다.[1]

하지만 야권은 일제히 비난성명을 내고 국정감사에서 혹독한 후속검증을 예고하는 등 대여 공조체제를 강화했습니다.

우제창(민주당 원내대변인): "6대 비리를 국정감사와 대정부 질문을 통해서 철저히 조사해서 국민께 보고 할 것입니다."

'적'(的)은 일부 한자어 명사 뒤에 붙어서 '그 성격을 띠는', '그에 관계된', '그 상태로 된'의 뜻을 나타내는 접미사이다. 일본말에서 온 표현 가운데 하나다.

물론, 일본말에서 비롯됐다고 모두 배척하고 쓰지 말아야 하는 건 아니다. 언어는 시대흐름에 따라 변하고 다른 언어와 영향을 주고받으며 발전한다. 이미 안착한 표현을 이미 죽어버린 옛말로 되돌리려는 건 오히려 억지스럽고 바람직하지도 않다. 그러나 쓸데없이 남용될 때, 거추장스러운 표현일 때, 더 쉬운 우리말로 대체할 수 있을 때에는 고쳐 써야 맞다.

'~적'이라는 표현은, '의', '~스러운', '~다운'처럼 우리말로 바꿔 쓰거나 아예 빼버려도 뜻이 전혀 달라지지 않을뿐더러 글이 더 편해질 때가 많다. 위 예문에서는 '적으로'를 생략해도 된다.

2009. 9. 28

1) 주어는 '여권은', 술어는 '구상입니다'여서 주술호응이 틀렸다.

예

이 대통령은 제3차 민관합동회의에서 기간연장도 사실 **근본적 해결책**은 아니며 **근본적 해결책**은 고용의 유연성인 만큼 **종합적 대책**이 필요하다고 강조했습니다.

➔ 이 대통령은 제3차 민관합동회의에서 기간연장도 사실 **근본 해결책**은 아니며 **근본 해결책**은 고용의 유연성인 만큼 **종합대책**이 필요하다고 강조했습니다.

하지만 이 같은 신호에도 불구하고 중국 경제의 조기회복 **가능성에 부정적인 시각**도 있지 않습니까?

➔ 하지만 이 같은 신호에도 불구하고 중국 경제의 조기회복 **가능성을 부정하는 시각**도 있지 않습니까?

이들 선진국들은 사회지도층이나 대기업에게 더 높은 **도덕적, 법적 잣대**를 적용하고 있습니다.

➔ 이들 선진국들은 사회지도층이나 대기업에[2] 더 높은 **도덕의, 법의 잣대**를 적용하고 있습니다.

음주로 인해 청소년에게 **즉각적으로** 나타나는 **단기적인 사회경제적 비용**은 3천8백억 원으로 나타났습니다.

➔ 음주로 인해 청소년에게 **즉각** 나타나는 **단기(간의) 사회경제 비용**은 3천8백억 원으로 나타났습니다.

피해자들은 손해배상 청구소송도 제기하겠다고 나섰지만, 부작용으로 인한 **정신적 육체적 피해**는 쉽게 회복되기 어려울 것으로 보입니다.

➔ 피해자들은 손해배상 청구소송도 제기하겠다고 나섰지만, 부작용으로 인한 **정신과 육체의 피해**는 쉽게 회복되기 어려울 것으로 보입니다.

---

2) 사물이므로 '~에게'가 아니라 '에'가 맞다. 다음에 자세히 살펴보자.

→ 피해자들은 손해배상 청구소송도 제기하겠다고 나섰지만, 부작용으로 인한 **마음과 몸의 피해**는 쉽게 회복되기 어려울 것으로 보입니다.

이번 사태를 계기로 **극단적인 갈등**을 피하기 위한 대책마련이 절실합니다.

→ 이번 사태를 계기로 **극단의 갈등**을 피하기 위한 대책마련이 절실합니다.

한국의 젊은 클래식을 이끌고 있는 그가 남미음악에 깊이 빠져든 것도 탱고가 지닌 이 **다중적인 매력** 때문입니다.

→ 한국의 젊은 클래식을 이끌고 있는 그가 남미음악에 깊이 빠져든 것도 탱고가 지닌 이 **다중의 매력** 때문입니다.

→ 한국의 젊은 클래식을 이끌고 있는 그가 남미음악에 깊이 빠져든 것도 탱고가 지닌 이 **여러 겹의 매력** 때문입니다.

31. 이들 ㅇㅇㅇ들

40년 만에 최악이라는 엄청난 태풍이 필리핀에 몰아치더니 남태평양 사모아 섬과 인도네시아에는 강진에 이은 강력한 지진해일이 연이어 밀려왔다. 인도에는 극심한 가뭄 끝에 폭우가 쏟아져 큰 피해가 났다. 있을 수도 있는 재해, 그것도 먼 나라만의 일이라고 무심히 흘려버리기엔 지구가 토하는 신음소리가 너무 크다. 병든 지구가 오만한 인간에게 보내는 경고는 아닌가? 최근 50여 년 동안 지구는 전체 숲의 3분의 1, 토양의 4분의 1, 경작할 수 있는 땅의 5분의 1을 잃었다. 개발이라는 이름 아래 자연을 마구 파헤친 인간의 짓이다. 강바닥을 파내고 보를 쌓아 흐르는 강물을 억지로 막는 것도 자연의 섭리를 거스르는 탐욕이다. "이 땅은 조상에게서 물려받은 것이 아니라 후손에게서 잠시 빌린 것"이라는 생텍쥐페리의 말을 기억하자.

때마침 세계 각국에서 구호인력과 물자를 보내오면서 이들의 의지에 힘을 보태기 시작했습니다. 문제는 도로 곳곳이 유실된 데다 통신이 두절돼 **이들 구호품들**

이 제대로 전달되지 못하고 있다는 겁니다. 또 위생문제가 심각해져 전염병 등 2차 피해에 대한 우려도 커지고 있습니다.

프리야디 카르도노: "시신발굴 작업과 동시에 사람들이 청소와 복구작업을 점진적으로 진행해야 합니다."

유엔은 전염병 창궐을 막기 위한 방역작업을 강화해야 한다고 밝혔습니다.

복수를 나타내는 접미사 '들'이 겹쳐 있다. 쓸모없는 겹침이자 틀린 표현이다. 'this pencil'의 복수형을 'these pencils'로 쓰는 영어표현에서 비롯한 잘못인 듯하다. 위 예문은 앞의 '들'을 생략해서 '이 구호품들이'로 고쳐 써야 한다. 뒤의 '들'을 생략해 '이들 구호품이'처럼 쓰기도 하는데 바람직하지 않다.

여기서 '이'는 바로 앞에서 말한 대상을 가리킬 때 쓰는 관형사여서 접미사인 '들'을 붙여 쓰면 안 된다. 뒤에 나오는 명사인 '구호품'을 복수로 만들어야 맞다. 만약 '구호품'을 생략하면 '이'가 지시대명사가 돼 '이들'로 쓸 수 있다.

2009. 10. 5

예

컴퓨터광으로 세계 최고의 프로그램 보안전문가들도 역시 해커로 불립니다. **이들 해커들이** 한자리에 모여 방어기술을 겨뤘습니다.

➜ 컴퓨터광으로 세계 최고의 프로그램 보안전문가들도 역시 해커로 불립니다. **이 해커들이** 한자리에 모여 방어기술을 겨뤘습니다.

➜ 컴퓨터광으로 세계 최고의 프로그램 보안전문가들도 역시 해커로 불립니다. **이들이** 한자리에 모여 방어기술을 겨뤘습니다.

이동식 부동산 중개업자 이른바 떴다방[1]들이 다시 기승을 부리고 있습니다. **이들 떴다방들에 의한** 불법 분양권 전매도 고개를 들고 있습니다.

➜ 이동식 부동산 중개업자 이른바 떴다방들이 다시 기승을 부리고 있습니다. **이 떴다방들에 의한** 불법 분양권 전매도 고개를 들고 있습니다.

➜ 이동식 부동산 중개업자 이른바 떴다방들이 다시 기승을 부리고 있습니다. **이들에 의한** 불법 분양권 전매도 고개를 들고 있습니다.

지난 4월 북한의 로켓발사로 유엔 안전보장이사회가 **이들 기업들에 대해** 금융거래 정지와 자산동결 조치를 결정했고 우리 정부도 이번 달부터 동참했습니다.

➜ 지난 4월 북한의 로켓발사로 유엔 안전보장이사회가 **이 기업들에 대해** 금융거래 정지와 자산동결 조치를 결정했고 우리 정부도 이번 달부터 동참했습니다.

이들 학생들은 음악에 몰입하는 데 도움을 준다는 데 호기심에서 대마를 찾았다고 털어놨습니다.

---

1) '떴다방'은 바람직한 용어가 아니다. 좀 길더라도 '무허가 중개업소', '무허가 이동중개업소' 정도가 바람직하다.

→ **이 학생들은** 음악에 몰입하는 데 도움을 준다는 데[2] 호기심에서 대마를 찾았다고 털어놨습니다.

시골에 있는 한 학교입니다. 교실과 복도의 바닥재가 주로 마룻바닥인 **이들 학교들은** 대부분 지어진 지 20여 년이 지났습니다.

→ 시골에 있는 한 학교입니다. 교실과 복도의 바닥재가 주로 마룻바닥인 **이 학교들은** 대부분 지어진 지 20여 년이 지났습니다.

이들 12명이[3] 해당질환을 진단받은 병원들 가운데 4곳에서 진료기록을 확보해 조사하고 있습니다.

→ **이 12명이** 해당질환을 진단받은 병원[4] 가운데 4곳에서 진료기록을 확보해 조사하고 있습니다.

---

2) 같은 표현이 연이어 나오고 '도움이 된다는 데'와 '호기심'이 호응하지도 않아 아주 어색한 문장이다. 바로잡자. '이 학생들은 음악에 몰입하는 데 도움이 된다는 호기심에서 대마를 찾았다고 털어놨습니다', 또는 '이 학생들은 음악에 몰입하는 데 도움이 된다고 해 호기심에서 대마를 찾았다고 털어놨습니다'.

3) '12명'이 복수이니까 역시 마찬가지의 사례다.

4) 구태여 복수로 표현할 필요가 없다.

32. 거액

뒷골목 폭력배의 모습이 떠오른다. 문제가 불거지자 청와대는 "기금출연을 독려했다"고도 했다가 "회의만 주재했다"고도 했다. 어쭙잖은 변명에 불과하다. 어찌했든 기업을 한 데 불러놓고 숫제 협박을 한 거나 다름없다. 권력을 앞세워 기업에게서 돈을 뜯던 과거 권위주의 정권의 행태와 다를 바 없다. 문제가 된 코디마, 한국 디지털미디어산업협회는 IPTV 상용화 등을 앞세운 민간기구에 불과하다. 한낱 민간기구의 운영기금 마련에 청와대가 나선 것은 있을 수 없는 일이다. 그 기구의 장이 이명박 대통령의 최측근으로 알려져 있기에 더욱 꼴사납다. 앞에선 '비즈니스 프렌들리'를 외치면서 뒤에서는 수백억 원을 내놓으라고 겁박하는 청와대. 마찬가지로 '친서민'을 앞세우면서 서민의 등을 칠까 두렵다.

민주당은 특히 청와대 행정관이 이동통신 3사에게[1] 통신사들이 회원으로 가입해 있는 디지털미디어산업협회에 **거액의 기부금을 내도록** 압력을 행사했다며 집중

공세를 폈습니다.

전병헌(민주당 의원): "방통위와 청와대까지 나서서 통신사들을 압박한 것으로 보입니다."

허원제(한나라당 의원): "디지털미디어협회가 비영리기구로서 기금 모금한 것은 문제가 없다고 생각합니다."

여기에 청와대가 나서 IPTV 업무담당 행정관이 협회와 회원사 관계자들을 불러 애로사항 등을 듣는 자리였다고 설명했습니다.

'거액'(巨額)은 '아주 많은 액수의 돈', '큰돈'이다. 그 안에 돈의 뜻을 지녔다. '기부금'은 '대가 없이 내놓은 돈'이다. 여기에도 돈의 뜻이 들어 있다. 따라서 '거액의 기부금'은 '돈'이 겹쳐 있어 바람직하지 않은 표현이다. '기부금을 많이 내도록'이나 '거액을 기부하도록', '큰돈을 기부하도록' 정도로 바꿔 쓰는 게 좋겠다.

2009. 10. 7

---

1) 이동통신 3사는 사람이나 짐승이 아니다. '~에게' 대신 '~에'를 써야 맞다.

예

서울 시내 11개 구청이 지난해 **거액의 홍보비를** 내고 각종 상을 무더기[2)]로 받았다는 의혹이 제기됐습니다.

→ 서울 시내 11개 구청이 지난해 **많은 홍보비를** 내고 각종 상을 여러 개씩 받았다는 의혹이 제기됐습니다.

→ 서울 시내 11개 구청이 지난해 **홍보비를 많이** 내고 각종 상을 여럿 받았다는 의혹이 제기됐습니다.

수감중 출판에 협조하는 대가로 **거액의 돈을** 받기로 하자, 비난 여론이 들끓었죠.

→ 수감중 출판에 협조하는 대가로 **거액을** 받기로 하자, 비난 여론이 들끓었죠.

→ 수감중 출판에 협조하는 대가로 **큰돈을** 받기로 하자, 비난 여론이 들끓었죠.

서울 중랑경찰서는 경기도 성남에 사는 36살 유 모 씨가 자신도 모르게 **거액의 돈이** 인출됐다며 수사를 의뢰해 조사중이라고 밝혔습니다.

→ 서울 중랑경찰서는 경기도 성남에 사는 36살 유 모 씨가 자신도 모르게 **거액이** 인출됐다며 수사를 의뢰해 조사중이라고 밝혔습니다.

한 대학가 주변 음식점들이 학생들을 위해 써달라며 **거액의 기부금을 전달해** 화젭니다.

→ 한 대학가 주변 음식점들이 학생들을 위해 써달라며 **많은 기부금을 전달해** 화젭니다.

→ 한 대학가 주변 음식점들이 학생들을 위해 써달라며 **거액을 기부해** 화젭니다.

---

2) 앞에서 살펴본 대로 '무더기로 받았다'는 표현은 바람직하지 않다. 위처럼 '무더기로'를 '여러 개씩', '여럿' 정도로 고치거나 아예 생략하자.

→ 한 대학가 주변 음식점들이 학생들을 위해 써달라며 **큰돈을 기부해** 화젭니다.

거액의 상속세를 피하기 위한 편법승계라는 논란은 결국 검찰고발로 이어졌고, 전현직 에버랜드 사장은 배임혐의로 기소됐습니다.

→ **많은 상속세를** 피하기 위한 편법승계라는 논란은 결국 검찰고발로 이어졌고, 전현직 에버랜드 사장은 배임혐의로 기소됐습니다.

또 북한이 최근 철광석 등 지하자원 개발권을 중국에 넘기는 대가로 **거액의 외화를** 확보했다는 설도 있습니다.

→ 또 북한이 최근 철광석 등 지하자원 개발권을 중국에 넘기는 대가로 **외화를 많이** 확보했다는 설도 있습니다.

→ 또 북한이 최근 철광석 등 지하자원 개발권을 중국에 넘기는 대가로 **거액을** 확보했다는 설도 있습니다.

33. ~라고, ~라는

판도라의 상자가 열렸다. 마지막 금기가 깨졌다. 조선일보가 전국 2,200여 개 고등학교의 지난해 수능성적 자료를 학교별 서열을 매겨 보도해버렸다. 고등학교를 성적순으로 줄 세운 거다. 이럴 걸 염려했다면서도 자료를 내준 교과부, 이름 한 번 날리겠다고 언론플레이를 한 게 뻔한 한나라당 조전혁 의원, 그리고 학교이름을 복구해 보도한 조선일보, 이들은 진정 평준화제도를 뿌리째 흔들려는 셈인가? 고교 서열화는 교육 양극화를 부추길 게 뻔하다. 입학사정관제에 고교 등급제가 적용될 우려도 크다. 이미 귀족학원으로 전락해버린 외고 등 특목고 입시경쟁이 더 치열해지고, 중학생은 물론 초등학생까지 사교육으로 더 내몰릴 수밖에 없다. 아이들은 이미 일제고사와 성적 공시로 인해 고통의 한계를 넘어서고 있다. 더 이상은 수렁으로 내몰지 마라.

그러나 이번 수능성적 공개가 적절했는지를 둘러싸고는 논란이 있습니다. 교육 철학과도 관련이 있는 문제라 어느 쪽 주장이 **맞다라고** 단정하기가 쉽지 않습니다. OOO 기자가 보도합니다.

지난 7월 교과부는 처음으로 수능성적 자료를 국회의원들에게 공개했습니다. "수능 원자료를 연구목적으로만 사용하겠다"는 서약서를 쓴 뒤 교육과정 평가원을 방문해 열람하는 방식이었습니다. 그러나 의원들이 원자료 전체를 전달해줄 것을 요구해 의원 7명이 CD에 담긴 수능 원자료를 제공받았습니다.

누구의 말을 인용할 때 쓰는 말로는 '~고', '~는' '~라고', '~라는', '~하고', '~하는' 등이 있다. 국문법은 통상 간접인용 때 '~고', '~는'을 쓰고 직접인용 때 '~라고', '~라는'을 쓴다고 설명한다. 하지만 거꾸로 간접인용 때 '~라고', '~라는'을 쓰고 직접인용 때 '~고', '~는'을 쓰는 게 맞다고 주장하는 학자도 있다. 주요 사전에서도 '~라고', '~라는'을 설명할 때 간접인용과 직접인용 때 모두 쓴다고 설명할 만큼 직접인용일 때와 간접인용일 때의 구분이 분명하지 않다.

구어체가 기본인 방송기사에서 직접인용은 자연스럽지 않기 때문에, 반드시 필요할 때가 아니면 되도록 간접인용을 해야 한다. 또 간접인용이든 직접인용이든 '~이다'로 완결된 문장 뒤에서 '~라고', '~라는'을 쓰지 말아야 한다. 분명하지 않은 문법의 잘잘못을 따지기 전에 어감이 무척 어색하다. 지식인인 양 하는 이, 특히 과거 이른바 '운동권' 식자들이 주로 쓰던 표현이다. 위 예문은 '어느 쪽 주장이 맞다고 단정하기가 쉽지 않습니다'로 고쳐야 편한 문장이다.

2009. 10. 12

예

너무 쓰리고 아픈 고난의 생을 잘도 참고 견딘 당신을 나는 참으로 사랑하고 존경했습니다, **자랑스럽습니다라고**, 한 자 한 자 수놓듯 써내려갔습니다.

➜ "너무 쓰리고 아픈 고난의 생을 잘도 참고 견딘 당신을 나는 참으로 사랑하고 존경했습니다, **자랑스럽습니다"하고** 한 자 한 자 수놓듯 써내려갔습니다.

전 세계 104개 나라 3천 9백여 명의 외국인 청취자들을 대상으로,[1] 한국에 대해 물었더니 **"한국은 선진국, IT 강국이다"라고** 답한 응답자가 80%를 넘었습니다.

➜ 전 세계 104개 나라의 외국인 청취자 3천 9백여 명을 대상으로, 한국에 대해 물었더니 **"한국은 선진국, IT 강국이다"하고** 답한 응답자가 80%를 넘었습니다.

➜ 전 세계 104개 나라의 외국인 청취자 3천 9백여 명을 대상으로, 한국에 대해 물었더니 **'한국은 선진국, IT 강국'이라고** 답한 응답자가 80%를 넘었습니다.

노사가 **"모든 가능성을 열어놓고 대화하겠다"라고** 밝힌 만큼 이번 사태가 평화적으로 해결될 가능성이 커졌습니다.

➜ 노사가 **"모든 가능성을 열어놓고 대화하겠다"고** 밝힌 만큼 이번 사태가 평화적으로 해결될 가능성이 커졌습니다.

그러면서 "검찰이 이제는 변모할 때라고 생각했다", **"검찰이 새롭게 나아갈 길을 생각해 보겠다"라고** 말했습니다.

➜ 그러면서 "검찰이 이제는 변모할 때라고 생각했다", **"검찰이 새롭게 나아갈 길을 생각해 보겠다"고** 말했습니다.

---

1) '3천 9백여 명의 외국인 청취자들'은 '외국인 청취자 3천 9백여 명'이 맞다. 또, '대상으로'는 필요 없는 군더더기 말이다. '외국인 청취자 3천 9백여 명에게 한국에 대해 물었더니'로 쓰면 된다. 나중에 살펴보자.

일본의 침략전쟁을 정당화하는 논문을 냈다가 지난해 11월 경질됐던 다모가미 전 항공자위대 막료장도 **《일본은 침략국가가 아니다》라는** 제목의 책을 출간했습니다.

→ 일본의 침략전쟁을 정당화하는 논문을 냈다가 지난해 11월 경질됐던 다모가미 전 항공자위대 막료장도 《**일본은 침략국가가 아니다**》**는** 제목의 책을 출간했습니다.

12·12 직후 만난 전두환 보안사령관에게 **"서부활극을 보는 것 같았다"라는** 뼈 있는 말을 건넸던 것도 유명한 일홥니다.

→ 12·12 직후 만난 전두환 보안사령관에게 "**서부활극을 보는 것 같았다**"**는** 뼈 있는 말을 건넸던 것도 유명한 일홥니다.

중국 외교부의 장위 대변인은 오늘 두 여기자의 주장에 대한 의견을 묻는 기자들의 질문에 "관계부처에 따르면 당시 상황은 언론이 설명하는 것과 **다르다"라고** 말했습니다.

→ 중국 외교부의 장위 대변인은 오늘 두 여기자의 주장에 대한 의견을 묻는 기자들의 질문에 "관계부처에 따르면 당시 상황은 언론이 설명하는 것과 **다르다**"**고** 말했습니다.

34. 부지

역시 대한민국은 '그들'만의 공화국이다. 용산에서는 재개발 광풍에 부모형제를 잃은 유족들이 거의 300일이 다 되도록 장례조차 치르지 못하고 있는데 강남에서는 855억 원짜리 동 주민센터 건물을 새로 짓기로 했다. 웬만한 시군구청사 건축비의 두 배가 넘는 액수다. 비판이 일자 강남구 관계자는 중앙정부나 시의 지원을 받지 않기 때문에 호화청사가 아니라고 밝혔단다. "내 돈 내 맘대로 쓰는데 웬 참견이냐?"는 막무가내다. 더불어 사는 사회에 대한 어떠한 고민도, 주위 사람을 배려하는 눈곱만큼의 애정도 없는 태도다. 하기야 새로 임명되는 판사 10명 가운데 4명이 특목고와 강남 3구 출신일 정도로 이미 대한민국을 접수한 '그들'이다. '메인스트림'인 '그들'에게 눈물과 한숨 속에 사는 서민은 가까운 이웃이 아닌 저 멀리 다른 세상 사람들일 뿐이다.

서울 강남구에 무려 850억 원짜리 주민센터, 즉[1] 동사무소 건립이 추진되고 있습니다. 아무리 재정이 넉넉하다고 해도 지나친 것 아니냐는 비판이 나왔습니다. OOO 기자가 취재했습니다.

서울 도곡1동의 옛 서울시 농업기술센터 **부지**입니다. 이 땅을 232억 원에 사들인 강남구청은 623억 원을 더 투입해 도곡1동 주민센터를 짓기로 했습니다. 지하 5층, 지상 6층 규모에 연면적이 1만 4천 제곱미터, 지하에는 600석 규모의 뮤지컬 전용극장도 들어섭니다.

'부지'는 '건물을 세우거나 도로를 만들기 위해 마련한 땅'을 가리킨다. 한자로는 '敷(펼 부) 地(땅 지)', 일본어로는 '시키지'(しきち)로 읽는다.

본디 우리말이 아니라 일본어에서 비롯한 단어로, 일상에서는 잘 쓰지 않고 건축·건설 분야에서 주로 쓴다. '대지'나 '터'로 순화해야 맞는데, 이왕이면 순 우리말인 '터'가 더 좋겠다.

2009. 10. 19

1) '곧'이나 '바로'로 바로잡자.

예

서초동 롯데칠성 부지와 성수동 삼표 레미콘 부지 등 서울 도심에서 마지막 남은 금싸라기땅 16곳이 본격 개발됩니다.

→ **서초동 롯데칠성 터와 성수동 삼표 레미콘 터 등** 서울 도심에[2] 마지막 남은 금싸라기땅 16곳이 본격 개발됩니다.

→ **서초동 롯데칠성 대지와 성수동 삼표 레미콘 대지 등** 서울 도심에 마지막 남은 금싸라기땅 16곳이 본격 개발됩니다.

서울시는, 도시개발사업을 하려면 **공원부지가 없어야 하는데 공원부지가 포함돼 있고** 훼손이 안 된 자연녹지가 절반이 넘어 승인을 내줄 수 없다는 입장[3]입니다.

→ 서울시는, 도시개발사업을 하려면 **공원 터가 없어야 하는데 공원 터가 포함돼 있고** 훼손이 안 된 자연녹지가 절반이 넘어 승인을 내줄 수 없다는 입장입니다.

→ 서울시는, 도시개발사업을 하려면 **공원 대지가 없어야 하는데 공원 대지가 포함돼 있고** 훼손이 안 된 자연녹지가 절반이 넘어 승인을 내줄 수 없다는 입장입니다.

아직 활용계획도 확정되지 않은 국유지인 이런 **폐철도 부지가** 각종 불법개발로 몸살을 앓고 있습니다.

→ 아직 활용계획도 확정되지 않은 국유지인 이런 **폐철도 터가** 각종 불법개발로 몸살을 앓고 있습니다.

→ 아직 활용계획도 확정되지 않은 국유지인 이런 **폐철도 대지가** 각종 불법개발로 몸살을 앓고 있습니다.

---

2) 동작이 일어나는 게 아니라 상태이므로 '~에서' 대신 '~에'로 쓰는 게 맞다.

3) '태도'나 '방침'으로 바꾸자. 뒤에서 설명한다.

서울시는 **이 일대 38만 제곱미터 부지를** 오는 2018년까지 주거와 업무시설로 개발하기로 했습니다.

➜ 서울시는 **이 일대 터 38만 제곱미터를**[4] 오는 2018년까지 주거와 업무시설로 개발하기로 했습니다.

➜ 서울시는 **이 일대 대지 38만 제곱미터를** 오는 2018년까지 주거와 업무시설로 개발하기로 했습니다.

국방부는 서울 을지로 미국 극동공병단 **반환 부지**에 대한 소유권 등기를 완료했다고 밝혔습니다.

➜ 국방부는 서울 을지로 미국 극동공병단 **반환 터**에 대한 소유권 등기를 완료했다고 밝혔습니다.

---

4) '38만 제곱미터의 터'가 아니라 '터 38만 제곱미터'가 옳다. 또, '터'나 '대지'를 생략해 '서울시는 이 일대 38만 제곱미터를 오는 2018년까지 주거와 업무시설로 개발하기로 했습니다'로 쓰는 게 더 낫다.

35. ~에게, ~에

안중근 의사가 되살아나고 있다. 의거 100주년을 맞아 국내외에서 이런저런 기념행사가 열리고 그의 사상을 재조명하려는 움직임이 활발하다. 그런데 안 의사 관련소식을 가장 적극 보도하고 기념관 건립을 위한 모금운동에도 앞장서고 있는 〈조선일보〉의 행태가 영 개운치 않다. 도무지 앞뒤가 맞지 않는다. 〈조선일보〉가 명백한 친일신문이었기에 그렇다. 안 의사를 기리기에 앞서 과거의 친일행적을 진심으로 반성하고 사과하는 게 우선이다. 친일에 대한 반성 없이 안중근을 들먹이는 건 안중근을 팔아 친일 흔적을 지우려는 어설픈 꼼수로밖에 보이지 않는다. 아울러 우리 모두 반성해야 한다. 안중근의 신념과 사상을 제대로 알지도, 알려 하지도 않다가 100주년이 되었다고 어물쩍 추모의 흐름에 편승해 영웅놀음을 하고 있지는 않은지 반성해야 한다. 한국의 체 게바라 운운하며 자칫 티셔츠 위의 판박이처럼 이용하려는 천박한 장삿속은 절대 안 된다.

> 안중근 의사가 젊은 시절 고향에서 민권운동을 벌였음을 입증하는 사료가 서울대 규장각에서 발견됐습니다. 1905년 안 의사가 27살 때, **황해도 관찰사에 낸 민원입니다**. 지역 토착관리의 횡포를 바로잡아 달라고 요청했습니다. 관리들이 서민들이 개간한 논밭의 물길을 막아 농사를 그만둬야 할 상황을 설명합니다. 신천군에 민원을 호소했지만 들어주지 않고 있다며 상급관아에서 해결해 달라는 내용입니다.

'에게'나 '에'는 어떤 행동이나 움직임의 대상을 나타내는 조사이다. '에게'는 유정명사, 곧 사람이나 동물 뒤에 쓰고, '에'는 무정명사, 곧 사물이나 장소 뒤에 쓴다. 위 예문에서는 안중근 의사가 민원을 낸 대상을 나타내고 있는데, 그 대상인 황해도 관찰사가 사물이 아닌 사람이기 때문에 '에게'를 써야 한다.

만약 제출대상을 사람인 관찰사가 아닌 기관인 황해도 감영으로 삼는다면 '에'를 써서 '황해도 감영에 낸 민원입니다'로 표현해야 맞다. 헷갈릴 것 없이 아주 간단한 원칙이니 꼭 가려서 쓰도록 하자.

2009. 10. 25

예

이번 선거는 반대만 하는 정치세력이 아니라 서민경제를 살릴 지역일꾼을 뽑는 것이라며 지역발전을 위해 **여당 후보에** 표를 달라고 호소했습니다.

→ 이번 선거는 반대만 하는 정치세력이 아니라 서민경제를 살릴 지역일꾼을 뽑는 것이라며 지역발전을 위해 **여당 후보에게** 표를 달라고 호소했습니다.

문화재청은 숭례문 참화의 교훈을 되새기고 문화재의 소중함을 알리기 위해 숭례문 복구현장을 오늘 하루 **시민에** 개방합니다.

→ 문화재청은 숭례문 참화의 교훈을 되새기고 문화재의 소중함을 알리기 위해 숭례문 복구현장을 오늘 하루 **시민에게** 개방합니다.

BIS 비율은 위험자산에 대한 자기자본의 비율로, 금감원은 그동안 **은행들에게** 12% 수준을 요구해왔습니다.

→ BIS 비율은 위험자산에 대한 자기자본의 비율로, 금감원은 그동안 **은행들에** 12% 수준을 요구해왔습니다.

이처럼 보험설계사나 대리점이 **보험 가입자에** 손해를 끼친 경우 원칙적으로는 보험사가 책임을 져야 합니다.

→ 이처럼 보험설계사나 대리점이 **보험 가입자에게** 손해를 끼친 경우 원칙적으로는 보험사가 책임을 져야 합니다.

오늘 이곳에 온 매너티는 2주간의 적응기간을 거친 뒤 **일반에** 공개될 예정입니다.

→ 오늘 이곳에 온 매너티는 2주간의 적응기간을 거친 뒤 **일반에게**[1] 공개될 예정입니다.

1) 여기서 '일반'은 '평범한 수준'이 아니라 '평범한 수준의 사람들'을 가리킨다.

36. 종지부를 찍다

헌법재판소가 국민의 상식을 깨버렸다. 법 표결과정은 위법이지만 그 법은 유효하다니…. 수단과 방법을 가리지 않고 목적만 달성하면 된다는 건가? 보통사람의 상식으로는 도저히 이해가 불가능하다. 사이버공간에서 헌재를 비난하는 의견이 넘쳐나는 게 당연하다. "술은 마셨지만 음주운전은 아니다", "가슴은 만졌지만 성추행은 아니다", "입시부정을 저질렀지만 불합격은 아니다", "금지약물을 먹었지만 금메달은 인정한다", 헌재를 조롱하는 말이 넘쳐난다. 네티즌들의 이런 풍자와 해학 뒤에는 헌재의 이번 판결이 민주주의를 거스르는 부끄러운 결정이라는 폭넓은 공감이 담겨 있다. 헌재판결 바로 전날 서울중앙지법은 이충연 용산철거민대책위원장에게 징역 6년을 선고했다. 그의 아버지는 용산참사 때 숨졌고, 그의 어머니는 이번 판결 뒤 "대한민국 국민이라는 게 원망스럽다"고 절규했다. 대한민국 사법부가 연일 대한민국을 부끄럽게 만들고 있다.

민주당은 헌재도 절차적 위법성은 인정한 만큼, 미디어법 폐지나 재협상을 추진하고, 직권상정의 책임이 있는 김형오 국회의장에 대해서는 사퇴를 요구하기로 했습니다. 대신 미디어법 처리에 반발해 사퇴서를 낸 정세균, 천정배, 최문순, 장세환 의원한테는 원내투쟁 강화를 위해 사퇴를 철회해 줄 것을 요청하기로 했습니다.

반면 한나라당은 헌재결정에 승복하고 미디어법 논쟁에 **종지부를 찍어야 한다며** 야당의 공세를 차단했습니다. 또 법안 처리과정에 절차적 흠결이 생긴 건 야당의 폭력적 행위 때문이라며 재협상 요구를 일축했습니다.

'종지부'(終止符)는 일본어에서 온 한자어이다. 일본어로 '슈시부'(しゅうしふ)로 읽는다. 한자풀이 그대로 마치고 그침을 나타내는 부호를 가리킨다.

주로 '종지부를 찍다' 형태의 관용어구로 쓰는데, 어떤 일을 매듭짓고 매조지하는 걸 나타낸다. 우리말인 '마침표'로 순화해야 마땅한 말이다. 그냥 '끝내다'나 '마치다'로 써도 뜻은 큰 차이가 없다.

2009. 10. 29

예

보수성향 단체들은 사회갈등이 증폭되고 있다며 참사를 둘러싼 **논쟁에 종지부를 찍자고** 제안했습니다.

→ 보수성향 단체들은 사회갈등이 증폭되고 있다며 참사를 둘러싼 **논쟁에 마침표를 찍자고** 제안했습니다.

→ 보수성향 단체들은 사회갈등이 증폭되고 있다며 참사를 둘러싼 **논쟁을 끝내자고** 제안했습니다.

→ 보수성향 단체들은 사회갈등이 증폭되고 있다며 참사를 둘러싼 **논쟁을 마치자고** 제안했습니다.

삼성 경영권 편법승계 의혹에 대한 **법적 판단은 종지부를 찍었지만**, 면죄부 논란은 계속 이어질 것으로 보입니다.

→ 삼성 경영권 편법승계 의혹에 대한 **법적 판단은 마침표를 찍었지만**, 면죄부 논란은 계속 이어질 것으로 보입니다.

→ 삼성 경영권 편법승계 의혹에 대한 **법적 판단은 끝났지만**, 면죄부 논란은 계속 이어질 것으로 보입니다.

이 대통령은 오늘 KBS 라디오 정례연설에서 이같이 밝힘으로써 대운하 추진**논란에 종지부를 찍었습니다**.

→ 이 대통령은 오늘 KBS 라디오 정례연설에서 이같이 밝힘으로써 대운하 추진**논란에 마침표를 찍었습니다.**

→ 이 대통령은 오늘 KBS 라디오 정례연설에서 이같이 밝힘으로써 대운하 추진**논란을 끝냈습니다.**

지난 1일 끝내 파산보호를 신청한 GM은 101년 자동차제국의 **역사에 종지부를 찍고 맙니다**.

→ 지난 1일 끝내 파산보호를 신청한 GM은 101년 자동차제국의 **역사에 마침표를 찍고 맙니다.**

→ 지난 1일 끝내 파산보호를 신청한 GM은 101년 자동차제국의 **역사를 끝내고 맙니다.**

갈수록 높아지는 반전 여론. 금방 **종지부를 찍을 것 같던** 아프간전쟁은 어느덧 만 8년을 넘기고 있습니다.

→ 갈수록 높아지는 반전 여론. 금방 **마침표를 찍을 것 같던** 아프간전쟁은 어느덧 만 8년을 넘기고 있습니다.

→ 갈수록 높아지는 반전 여론. 금방 **끝날 것 같던** 아프간전쟁은 어느덧 만 8년을 넘기고 있습니다.

의심스런 실종신고를 접한 경찰은 집부터 수색했고, 김 씨의 넉 달 동안의 엽기행각은 **종지부를 찍었습니다.**

→ 의심스런 실종신고를 접한 경찰은 집부터 수색했고, 김 씨의 넉 달 동안의 엽기행각은 **끝이 났습니다.**

37. ~ 경우

설령 교사의 시국선언이 문제가 된다고 치자. 백 번 양보해 국가공무원법을 어겼다고 해보자. 그렇더라도 법원이 확정판결을 하기도 전에 징계를 하라는 건 교과부의 무리수다. 김상곤 경기도교육감이 사법부의 최종판단을 지켜보겠다며 징계를 거부한 것은 그래서 옳다. 그런데도 교과부는 직무 이행명령을 내려 김 교육감을 숫제 을박질렀다. 계속해서 정부와 다른 목소리를 내온 김 교육감을 이번 기회에 겁박해 굴복시키겠다는 치졸한 발상이다. 교과부는 최근 전교조를 무력화하기 위한 연구용역을 맡긴 사실도 드러나 물의를 빚었다. 행정력은 그런 데 쓰는 게 아니다. 코앞에 닥친 수능이나 차질 없이 준비해라. 신종플루 확산에 혹시라도 시험을 망치는 일이 없을까 불안해하고 있는 수험생들을 위해 마련할 수 있는 모든 대책을 마련해라. 그리고 힘이 남는다면 엉킨 실타래처럼 꼬인 외국어고 문제를 어떻게 풀지나 서둘러 고민해라.

교과부는 솔선수범해 법질서를 지켜야 할 교육감이 법적 의무를 다하지 않은 것은 매우 유감스럽다며 한 달 내에 징계의결을 요구하도록 직무 이행명령을 내렸다고 밝혔습니다.

이성희(교과부 학교자율화 추진관): "국가공무원법 위반해 검찰 수사결과를 통보받고도 징계절차 이행하지 않은 것은 명백히 법령 위반이고…"

경기도 교육청은 교과부의 조치가 김 교육감의 충정을 고려하지 않은 행정적 명령이라고 즉각 반박했습니다. 교과부는 김 교육감이 **직무 이행명령을 따르지 않을 경우** 형사적 조치까지도 강구할 방침입니다.

'경우'(境遇)는 '사리나 도리, 이치'의 뜻과 '조건이나 형편, 사정' 두 가지 뜻을 갖고 있다. 첫 번째보다는 두 번째 뜻으로 주로 쓰이는데, 위 예문처럼 'ㄹ경우', 'ㄴ경우', '~의 경우'와 같은 형태가 된다.

본디 많이 쓰던 말이 아니라 일본말 '~の 場合'을 우리말로 옮기면서 급속히 번졌다는 게 정설이다. 영어의 'circumstances', 'a situation', 'a case', 'an instance', 'an occasion', 'a time', 'a moment' 등을 모두 '~의 경우'로 번역하다 보니 더 널리 쓰게 됐다. 틀린 표현은 아니지만 기원을 따져보면 굳이 쓸 필요가 없는 말이다. 위 예문을 '직무 이행명령을 따르지 않으면'으로 고치면 뜻이 전혀 달라지지 않으면서도 훨씬 간결해진다.

2009. 11. 3

학교주변 **업소의 경우에도** 식품의 열량을 낮추겠다는 사전**신고를 할 경우** 시설비 지원 등의 혜택을 주는 방법으로 열량 저감화를 유도하기로 했습니다.

➜ 학교주변 **업소도** 식품의 열량을 낮추겠다는 사전**신고를 하면** 시설비 지원 등의 혜택을 주는 방법으로 열량 저감화를 유도하기로 했습니다.

서울에서만 단속이 이뤄지다 보니, 지방에서 올라왔다가 잘 모르고 **걸리는 경우도 있습니다**.

➜ 서울에서만 단속이 이뤄지다 보니, 지방에서 올라왔다가 잘 모르고 **걸리는 일도 있습니다**.

➜ 서울에서만 단속이 이뤄지다 보니, 지방에서 올라왔다가 잘 모르고 **걸리기도 합니다**.

특히 **말벌의 경우**, 한 번 쏘는 독의 양이 일반 벌의 15배에 달하는 데다, 계속해서 침을 쏠 수 있어 공격을 받으면 자칫 생명이 위험해질 수도 있습니다.

➜ 특히 **말벌은** 한 번 쏘는 독의 양이 일반 벌의 15배에 달하는 데다, 계속해서 침을 쏠 수 있어 공격을 받으면 자칫 생명이 위험해질 수도 있습니다.

만일의 경우 돈을 환전하지 못하고 공항에 오게 됐더라도 주거래은행을 찾아가는 것이 좋습니다.

➜ **만일** 돈을 환전하지 못하고 공항에 오게 됐더라도 주거래은행을 찾아가는 것이 좋습니다.

특히 소득이 늘지 않는 상황에서 금융기관이 가계대출을 **막을 경우** 가계파산으로 이어질 수도 있어 금융당국의 고민이 커지고 있습니다.

→ 특히 소득이 늘지 않는 상황에서 금융기관이 가계대출을 **막으면** 가계파산으로 이어질 수도 있어 금융당국의 고민이 커지고 있습니다.

전문가들은 보험사기범들은 **재범 이상인 경우가** 대부분이라며 사기가 **의심스러울 경우** 쉽게 합의해주지 말고 보험사나 경찰에 신고해줄 것을 당부했습니다.

→ 전문가들은 보험사기범들은 **재범 이상이** 대부분이라며 사기가 **의심스러우면** 쉽게 합의해주지 말고 보험사나 경찰에 신고해줄 것을 당부했습니다.

오늘 발표된 기준에 따르면 신종플루 확진환자가 학급당[1] 10%가 넘거나 의심환자를 포함한 결석자가 **25%를 넘을 경우** 학교장은 해당학급의 휴업을 결정할 수 있습니다.

→ 오늘 발표된 기준에 따르면 신종플루 확진환자가 학급당 10%가 넘거나 의심환자를 포함한 결석자가 **25%를 넘으면** 학교장은 해당학급의 휴업을 결정할 수 있습니다.

→ 오늘 발표된 기준에 따르면 신종플루 확진환자가 학급당 10%가 넘거나 의심환자를 포함한 결석자가 **25%를 넘을 때** 학교장은 해당학급의 휴업을 결정할 수 있습니다.

1) '한 학급에'로 고쳐 써야 좋다. 뒤에서 다룬다.

38. 전망입니다

이명박 대통령은 세종시가 들어서면 우리나라가 되돌릴 수 없이 망가질 거라고 굳게 믿는 게 틀림없다. 그렇지 않고서야 이렇게 헌신짝 버리듯 약속을 뒤집을 수는 없는 일이다. 이 대통령은 과거 서울시장 때 행정수도 이전에 반대했다가 대통령 후보 때는 세종시 건설을 원안대로 하겠다고 공언했다. 이제 와 다시 말을 바꾸는 걸 보니 원래의 소신은 변함이 없는데 선거 때 표가 궁해서 잠시 딴소리를 했다고밖에 볼 수 없다. 정말 그런 거라면 이 대통령은 법개정 운운하기 전에 국민에게 진심으로 과거 발언을 사과하고 해명해야 한다. 그게 우선이다. 그렇게 국민의 이해와 공감을 얻고 나서 계획을 바꿔도 바꿀 일이다. 그리고 이것만큼은 꼭 기억해야 한다. 세종시 건설계획은 이미 숱한 논란과 논쟁을 거쳐 국민의 동의 속에 국회가 특별법을 만들어 정한 것이다. 서울뿐 아니라 지방도 살 만한 곳으로 만들자는 국가균형발전 논리는 그때나 지금이나 여전히, 아니 오히려 지금 더 유효하다.

이 대통령은 이르면 이달 하순쯤 '국민과의 대화'나 대국민 담화를 통해 직접 입장[1]을 밝히는 방안을 검토하고 있습니다. "총리 뒤에 숨어 있다"는 비판을 잠재우고, 국가와 민족을 위해 법개정이 불가피하다는 진정성을 강조할 것으로 알려졌습니다. 이 대통령이 구체적 기준까지 제시하며 세종시 정면돌파 의지를 밝힘에 따라 정부 내 실무작업은 한층 **가속도를 낼 전망입니다**. 공청회와 토론회 등 여론설득 작업도 본격화되면서 찬반논쟁은 한층 거세질 것으로 보입니다.

'전망'은 '넓고 먼 곳을 멀리 바라봄. 또는 멀리 내다보이는 경치', '앞날을 헤아려 내다봄. 또는 내다보이는 장래의 상황'의 뜻을 가진 명사다. 동사는 '전망하다', '전망되다'이다.

'전망이다'의 꼴로도 쓰는데 이때는 '전망'의 대상이 앞에 나와야 한다. '(가)는 (나)이다'의 문장형태에서 (가)에 해당하는 말이 있어야 한다는 말이다. 예를 들어 '산 정상에서 내려다본 광경은 참 아름다운 전망이다'에서는 '광경'이 '전망'의 대상이다. '그 전문가의 분석은 한국경제에 대한 어두운 전망이다'에서는 '분석'이 '전망'의 대상이다.

위 예문에서는 '전망'의 대상이 없다. '실무작업'은 '가속도를 낼'의 주체이지 '전망'의 대상일 수 없다. 이럴 때는 동사인 '전망하다'나 '전망되다'를 써야 맞다.

'전망'하는 주체는 기사를 쓴 기자로 보면 주어를 생략해 '가속도를 낼 것으로 전망됩니다' 또는 '가속도를 낼 것으로 보입니다'로 쓰면 된다. 정치권 같은 불특정한 주체를 주어로 삼아 '가속도를 낼 것으로 정치권은 전망합니다'로 고쳐도 된다.

2009. 11. 4

1) '의견'이나 '견해'로 바꿔 쓰자.

서울도 영하 9도를 기록하고 있습니다. 사흘째 이어지고 있는 추위는 오늘 낮 동안에도 **계속될 전망입니다.**

➜ 서울도 영하 9도를 기록하고 있습니다. 사흘째 이어지고 있는 추위는 오늘 낮 동안에도 **계속될 것으로 보입니다.**

➜ 서울도 영하 9도를 기록하고 있습니다. 사흘째 이어지고 있는 추위는 오늘 낮 동안에도 **계속될 걸로 기상청은 내다봤습니다.**

이르면 다음 주 안에, 늦어도 설 연휴 전까지는 부실업체에 대한 생사 여부가 **가려질 전망입니다.**

➜ 이르면 다음 주 안에, 늦어도 설 연휴 전까지는 부실업체에 대한 생사 여부가 **가려질 것으로 전망됩니다.**

세계 최대 휴대전화시장인 유럽이 가장 먼저 충전기의 단일규격에 합의함에 따라 나머지 국가들의 규격통일 움직임도 더욱 **빨라질 전망입니다.**

➜ 세계 최대 휴대전화시장인 유럽이 가장 먼저 충전기의 단일규격에 합의함에 따라 나머지 국가들의 규격통일 움직임도 더욱 **빨라질 것으로 예상됩니다.**

➜ 세계 최대 휴대전화시장인 유럽이 가장 먼저 충전기의 단일규격에 합의함에 따라 나머지 국가들의 규격통일 움직임도 더욱 **빨라질 것으로 업계는 내다보고 있습니다.**

귀경차량이 몰릴 4일 일요일, 부산-서울 구간이 역시 8시간 40분, 대전에서 서울은 5시간 20분, 광주에서는 7시간이 **걸릴 전망입니다.**

➜ 귀경차량이 몰릴 4일 일요일, 부산-서울 구간이 역시 8시간 40분, 대전에서 서울은 5시간 20분, 광주에서는 7시간이 **걸릴 것으로 보입니다.**

→ 귀경차량이 몰릴 4일 일요일, 부산-서울 구간이 역시 8시간 40분, 대전에서 서울은 5시간 20분, 광주에서는 7시간이 **걸릴 것으로 도로공사가 전망하고 있습니다.**

→ 귀경차량이 몰릴 4일 일요일, 부산-서울 구간이 역시 8시간 40분, 대전에서 서울은 5시간 20분, 광주에서는 7시간이 **걸릴 것으로 도로공사가 예상하고 있습니다.**

뚜렷한 성장세를 보인 남자 대표팀과 탄탄한 신구 조화가 돋보인 여자 대표팀, 세계를 정복한 한국 양궁의 독주는 당분간 **계속될 전망입니다.**

→ 뚜렷한 성장세를 보인 남자 대표팀과 탄탄한 신구 조화가 돋보인 여자 대표팀, 세계를 정복한 한국 양궁의 독주는 당분간 **계속될 것으로 전망됩니다.**

→ 뚜렷한 성장세를 보인 남자 대표팀과 탄탄한 신구 조화가 돋보인 여자 대표팀, 세계를 정복한 한국 양궁의 독주는 당분간 **계속될 것으로 세계 양궁계는 전망하고 있습니다.**

39. 납득

반세기 훌쩍 넘어 걸렸다. 일제 강점기 35년의 부끄러운 친일행적을 정리해 나열하는 데 무려 63년이 필요했다. 친일파가 주류가 된 사회이기에, 정부가 앞장서 했어야 할 일을 민간단체가 하느라 더 긴 시간이 걸렸다. 사전에 등록된 인물의 후손이나 극우 보수단체는 불쾌한 낯빛을 감추지 못한다. 무슨 자격과 기준으로 친일의 낙인을 찍냐고, 이제와 과거를 드러내서 무엇하냐고 볼멘소리다. 그러나 새삼 지난 시절의 한풀이를 하자는 게 아니라 묻힌 진실을 끄집어 파헤쳐서 떳떳이 마주하자는 게 사전편찬의 참뜻이다. 죄를 묻고, 벌을 받고, 반성하고, 용서하는, 진정한 친일청산을 제때 하지 못했기에 이제 진실이라도 바로 알자는 것이다. 이번 친일인명사전 편찬은 미래를 향한 친일청산의 마지막이 아니라 힘겹게 내딛은 첫걸음이다.

"우리 사회에서 금기시돼 온 친일문제를 정면으로 건드려 반발도 많았다."

위원회가 친일인명사전을 발표하며 이렇게 밝힌 것처럼 오늘 국민보고대회는 가까스로 치러졌습니다. 발표장소도 대관업체가 반대단체들의 반발을 우려해 어제 갑자기 대관을 취소하는 바람에 백범 김구 선생 묘소 앞으로 변경됐습니다. 발표장소 옆에선 박정희 전 대통령이 명단에 포함된 것을 두고 보수-진보 시민단체 사이에 충돌이 벌어지기도 했습니다. 후손들도 강력히 반발하고 있습니다. 발행금지 가처분 신청을 냈다 기각됐던 박정희 전 대통령 아들 지만 씨는 선정기준을 **납득할 수 없다고** 밝혔습니다.

'납득'(納得)은 다른 사람의 말이나 행동, 형편 따위를 잘 알아서 긍정하고 이해한다는 뜻이다. 일본어로는 '낫토쿠'(なっとく)로 읽는다. 방송이나 신문을 가릴 것 없이 많이 쓰는데, 역시 순화해야 하는 일본어 가운데 하나다. '납득하다'는 '이해하다', 또는 '알아듣다', '받아들이다'로 바꿔 쓰자.

2009. 11. 8

예

국세청장 인사를 앞둔 민감한 시점에 수천만 원짜리 그림이 오갔다는 주장이 당사자의 입을 통해 나왔다는 게 쉽게 **납득되지 않습니다**.

→ 국세청장 인사를 앞둔 민감한 시점에 수천만 원짜리 그림이 오갔다는 주장이 당사자의 입을 통해 나왔다는 게 쉽게 **이해되지 않습니다**.

일면식도 없다는 박 씨가 굳이 남의 아이피로 글을 올리고 구속까지 됐다는 것은 선뜻 **납득이 되지 않는** 부분입니다.

→ 일면식도 없다는 박 씨가 굳이 남의 아이피로 글을 올리고 구속까지 됐다는 것은 선뜻 **이해(가) 되지 않는** 부분입니다.

정부가 개별기업에 대한 지원에 난색을 표명한 만큼 GM대우가 **납득할 만한** 자구책을 내놓지 않는 한 산은의 지원을 기대하기는 어렵기 때문입니다.

→ 정부가 개별기업에 대한 지원에 난색을 표명한 만큼 GM대우가 **이해할 만한** 자구책을 내놓지 않는 한 산은의 지원을 기대하기는 어렵기 때문입니다.

→ 정부가 개별기업에 대한 지원에 난색을 표명한 만큼 GM대우가 **마땅한**[1] 자구책을 내놓지 않는 한 산은의 지원을 기대하기는 어렵기 때문입니다.

→ 정부가 개별기업에 대한 지원에 난색을 표명한 만큼 GM대우가 **적절한** 자구책을 내놓지 않는 한 산은의 지원을 기대하기는 어렵기 때문입니다.

김 씨의 구속기한이 사흘이나 더 남은 오늘 서둘러 수사를 종결한 것도 **납득하기 힘든** 대목입니다.

1) '이해할 만한'도 문맥상 썩 어울리지는 않는다. '정부가(또는 산은이) 받아들일 만한 자구책'이란 뜻이므로 '마땅한'이나 '적절한' 정도로 쓰면 되겠다.

→ 김 씨의 구속기한이 사흘이나 더 남은 오늘 서둘러 수사를 종결한 것도 **이해하기 힘든** 대목입니다.

→ 김 씨의 구속기한이 사흘이나 더 남은 오늘 서둘러 수사를 종결한 것도 **받아들이기 힘든** 대목입니다.

하지만 청와대에서 김 행정관 등의 성매매를 적발 당일 알았고 즉시 감찰조사에 들어간 점 등으로 미뤄 경찰이 몰랐다는 건 **납득하기 어렵습니다**.

→ 하지만 청와대에서 김 행정관 등의 성매매를 적발 당일 알았고 즉시 감찰조사에 들어간 점 등으로 미뤄 경찰이 몰랐다는 건 **이해하기 어렵습니다**.

→ 하지만 청와대에서 김 행정관 등의 성매매를 적발 당일 알았고 즉시 감찰조사에 들어간 점 등으로 미뤄 경찰이 몰랐다는 건 **받아들이기 어렵습니다**.

40. 피해, 피격, 피습, 부상

우발인지 도발인지는 아직 알 수 없다. 지금 분명한 것은 북한의 의도가 무엇이든 냉정하고 차분히 대처해야 한다는 것이다. 한반도에 어렵사리 대화분위기가 감도는 이때, 이번 일을 빌미로 감정을 앞세운 강경책을 꺼내 들어서는 안 된다. 과잉대응으로 다시 대립과 충돌의 구도를 만든다면 그 대가는 남과 북이 함께 나눠 치러야 한다. 원인을 가리는 자리든, 엄중히 책임을 묻는 자리든 남북간 대화가 우선이다. 만나서 논의해야 재발을 막을 수 있다. 이번 일을 전화위복으로 삼아 서해 긴장의 불씨인 서해 북방한계선, NLL의 효력에 대해 합의점을 찾으려는 노력을 해야 한다. 남북의 교전과 충돌은 어느 한쪽의 승리나 패배로 끝날 수 없다. 결국 한반도의 불안, 한민족의 불행일 뿐이다.

> 오늘 교전은 지난 2002년 일어났던 연평해전과는 전혀 다른 양상으로 전개됐습니다. 우리 군의 달라진 교전수칙 때문이라는 분석이 나왔습니다.

보도에 OOO 기자입니다.

1999년 6월 15일, 북한 경비정의 선제공격으로 시작된 제1연평해전은 북측 어뢰정 한 척이 침몰하고 북측 사상자가 20명이 넘는 등 우리측의 대승으로 끝났습니다. 그러나 2002년 6월 29일 발생한 제2연평해전에서는 해군 6명이 사망하고 18명이 부상하는 등 우리측도 큰 **피해를 입었습니다**. 복잡한 교전 대응절차에 따르다 북한군의 기습공격을 받아 피해가 커졌다는 지적이 잇따랐습니다.

'피해'는 '생명이나 신체, 재산, 명예 따위에 손해를 입음'이다. 한자 '피'(被)가 '입다'는 뜻을 갖는다. 따라서 '피해를 입다'를 풀면 '손해를 입음을 입다'가 돼 우스꽝스럽다. '입다'가 겹친 잘못된 표현이다. 위 예문은 '피해가 났습니다', 또는 '피해를 봤습니다'로 고쳐야 한다.

'피습을 당하다'와 '피격을 당하다' 역시 같은 이유로 그릇된 표현인데도 습관처럼 많이 쓴다. '습격을 당하다', '공격을 당하다' 또는 '습격을 받다', '공격을 받다'로 써야 맞다.

같은 맥락에서 '부상을 입다'도 그른 표현이다. 한자 '부'(負)가 '지다, 입다'의 뜻을 갖는다. '부상하다'나 '상처를 입다' 또는 '다치다'로 쓰는 게 바람직하다.

2009. 11. 10

예

건조한 날씨 속에 전국에서 산불이 잇따라 발생해 10헥타르가 넘는 임야와 사적으로 지정된 고분 등이 **피해를 입었습니다.**

→ 건조한 날씨 속에 전국에서 산불이 잇따라 발생해 10헥타르가 넘는 임야와 사적으로 지정된 고분 등이 **피해를 봤습니다.**

→ 건조한 날씨 속에 전국에서 산불이 잇따라 발생해 10헥타르가 넘는 임야와 사적으로 지정된 고분 등이 **불에 타는 피해가 났습니다.**

악성코드에 감염된 컴퓨터들이 공격을 계속하면서 목표물이 된 사이트는 접속이 안 되거나 속도가 크게 느려지는 **피해를 입었습니다.**

→ 악성코드에 감염된 컴퓨터들이 공격을 계속하면서 목표물이 된 사이트는 접속이 안 되거나 속도가 크게 느려지는 **피해가 났습니다.**

2006년 한 해에만 10만여 명이 110만 개 콘텐츠를 불법으로 내려받아 4백억 원 손해를 입는 등 지난 6년간 모두 1천9백억 원의 **피해를 입었다는 겁니다.**

→ 2006년 한 해에만 10만여 명이 110만 개 콘텐츠를 불법으로 내려받아 4백억 원 손해를 입는 등 지난 6년간 모두 1천9백억 원의 **피해를 봤다는 겁니다.**

제주 서귀포시의 가정집에서 50대 어머니와 30대 아들이 둔기를 든 괴한에게 **피습당해** 어머니가 숨졌습니다.

→ 제주 서귀포시의 가정집에서 50대 어머니와 30대 아들이 둔기를 든 괴한에게 **습격받아** 어머니가 숨졌습니다.

어제 저녁 6시쯤 충북 진천군의 사슴농장에서 주인 61살 민 모 씨가 **가슴에 부상을 입고** 쓰러져 병원으로 옮겨졌지만 숨졌습니다.

→ 어제 저녁 6시쯤 충북 진천군의 사슴농장에서 주인 61살 민 모 씨가 **가슴에 상처를 입고** 쓰러져 병원으로 옮겨졌지만 숨졌습니다.

→ 어제 저녁 6시쯤 충북 진천군의 사슴농장에서 주인 61살 민 모 씨가 **가슴을 다친 채** 쓰러져 병원으로 옮겨졌지만 숨졌습니다.

보상금 지급은 의로운 일을 하다 숨지거나 **부상을 입은** 경우에 한정돼 있습니다.

→ 보상금 지급은 의로운 일을 하다 숨지거나 **부상한** 경우에 한정돼 있습니다.

→ 보상금 지급은 의로운 일을 하다 숨지거나 **상처를 입은** 경우에 한정돼 있습니다.

→ 보상금 지급은 의로운 일을 하다 숨지거나 **다친** 경우에[1] 한정돼 있습니다.

중국 중서부 중심도시인 충칭에서 괴한의 총에 맞아 사망한 인민해방군 초병은 군경에 '테러 경계경보'가 내려진 상황에서 **피격당했던** 것으로 알려졌습니다.

→ 중국 중서부 중심도시인 충칭에서 괴한의 총에 맞아 사망한 인민해방군 초병은 군경에 '테러 경계경보'가 내려진 상황에서 **공격받았던** 것으로 알려졌습니다.

1) 앞에서 '경우'의 쓰임을 살펴보았다. 이 예문도 '경우'를 쓰지 않고 '보상금 지급은 의로운 일을 하다 숨지거나 다친 때로 한정돼 있습니다'로 쓰면 더 편해진다.

41. ~면서

놀랍고 무섭고 두렵다. 이른바 '루저녀'의 신상과 과거행적을 샅샅이 파헤친 네티즌들의 수완이 놀랍다. 그 비밀스런 개인정보를 아무런 거리낌 없이 까발리는 사회의 광기가 무섭다. 이번 일을 빌미로 '사이버 모욕죄' 법률을 제정하려는 움직임이 되살아나는 건 더 두렵다.

개인의 신상을 공개해 조롱하고 매장하는 행위가 정당하지 않은 것은 분명하다. 그러나 표현의 자유를 법으로 제한해 강제로 입을 막는 건 더 끔직한 일이다. '루저' 발언의 내용이 잘못됐다고 그 사람을 무차별 비난하고 아예 부정해버리는 잘못이나 마찬가지 오류다. 빈대 잡으려다 초가삼간 태우는 격이다. 인터넷 공간은 비록 매끄럽게 정돈되진 않았지만 그래서 더 자유롭게 의견교환과 토론이 가능한 곳이다. 부작용은 새 법과 처벌이 아닌 현행법과 네티즌들의 자정에 맡겨도 충분하다. '사이버 모욕죄' 신설보다 오히려 급한 일은, 마음만 먹으면 개인의 비밀을 쉽게 들여다볼 수 있을 만큼 허술한 'IT 강국'의 정보관리 수준을 높이는 일이다.

방송에서 키 작은 남자를 영어로 '루저', 즉[1] 패배자라고 표현한 20대 여성의 발언으로 인터넷이 뜨겁게 달아올랐습니다. 누리꾼들이 원색적인 비난을 **쏟아내면서** 이 여성은 개인 홈페이지를 폐쇄했고, 학교 홈페이지도 마비됐습니다.
이 여성은 오늘 새벽 자신이 다니는 학교 인터넷 게시판에 어리석게 행동했고 겸손치 못했다는 것을 반성하고 있다며 사과문까지 실었지만 파문은 쉽게 가라앉지 않았습니다.
누리꾼들은 이 여성의 각종 신상정보를 파헤치기 시작해, 고등학교 졸업사진은 물론 장학금을 문의했던 과거의 글과 행적을 낱낱이 공개했습니다.

연결 어미인 '~면서'는 '나는 아침을 먹으면서 신문을 보았다'처럼 둘 이상의 어떤 동작이나 현상이 동시에 아울러 일어날 때 쓰는 표현이다. 그런데 위 기사에서 누리꾼이 비난을 쏟아낸 행위와 해당 여성이 개인 홈페이지를 닫은 행위는 동시에 일어난 게 아니다. 일어난 때로 보면 선후 관계, 논리로 보면 원인과 결과의 관계로 봐야 한다. 예문은 '누리꾼들이 원색적인 비난을 쏟아내자 이 여성은 개인 홈페이지를 폐쇄했고'로 고쳐야 마땅하다.

이처럼 인과관계여서 '~면서'를 쓰면 안 되는 문장인데도 '~면서'를 잘못 쓰는 방송기사가 최근 늘고 있다. 잘잘못을 쉽게 아는 방법은 '~면서'를 준말인 '~며'로 바꿔보는 것이다. '~며'로 바꿔서 어색하면 잘못 쓴 문장이다.

2009. 11. 12

—

1) '곧' 또는 '바로'로 고쳐 쓰자.

협상 절충안을 놓고서도 각 당 내부에서 받아들여선 안 된다는 강경한 **의견들이 잇따르면서** 협상이 다시 원점으로 돌아가는 것 아니냐는 관측까지 나오고 있습니다.

➜ 협상 절충안을 놓고서도 각 당 내부에서 받아들여선 안 된다는 강경한 **의견들이 잇따르자** 협상이 다시 원점으로 돌아가는 것 아니냐는 관측까지 나오고 있습니다.

오늘 경부고속도로에 기습적으로 **진눈깨비가 내리면서** 교통사고가 잇따랐습니다.

➜ 오늘 경부고속도로에 기습적으로 **진눈깨비가 내려** 교통사고가 잇따랐습니다.

직장인 김수인 씨, 얼마 전부터 현금과 카드지출까지 꼼꼼히 구분하며 가계부를 쓰기 시작했습니다. **수입이 줄면서** 지출부담이 커졌기 때문입니다.

➜ 직장인 김수인 씨, 얼마 전부터 현금과 카드지출까지 꼼꼼히 구분하며 가계부를 쓰기 시작했습니다. **수입이 줄어** 지출부담이 커졌기 때문입니다.

작업중이던 근로자들이 재빨리 대피해 인명피해는 없었지만, 원단과 제조 기계가 **불에 타면서** 7천만 원의 재산피해가 났습니다.

➜ 작업중이던 근로자들이 재빨리 대피해 인명피해는 없었지만, 원단과 제조기계가 **불에 타** 7천만 원의 재산피해가 났습니다.

아름드리나무는 뽑혀 거꾸로 뒤집혀 있고요, 거대한 바위들이 **한꺼번에 굴러 내리면서** 간신히 버티고 있던 나무들까지 뿌리를 드러내고 있는 모습입니다.

➜ 아름드리나무는 뽑혀 거꾸로 뒤집혀 있고요, 거대한 바위들이 **한꺼번에 굴러 내려** 간신히 버티고 있던 나무들까지 뿌리를 드러내고 있는 모습입니다.

42. 내려졌습니다

수능한파는 올해도 비켜가지 않았다. 한동안 포근하던 날씨가 수능일 직전에 갑자기 추워지더니 금세 한겨울이 돼버렸다. 가뜩이나 엄혹한 대입여건에, 여느 해와 다름없이 몰아닥친 한파에, 거기다가 난데없는 신종플루 공포까지…. 올해 대입 수험생 모두 그 어느 해보다도 고생이 심했다.

이렇게 추운 계절엔 가진 것 없는 서민의 삶이 더 고달프다. 이명박 정부는 '친서민'을 내세워 재미를 좀 봤지만 구호 뒤에 숨은 실상을 따져보면 암담하다. 소득분배의 불평등 정도를 나타내는 지니계수는 지난해 0.317로 역대 최고치였다. IMF 외환위기 직후인 1998년 0.314보다도 높아졌다. 가진 자와 못 가진 자의 차이가 극복하기 어려울 정도로 점점 심해지고 있는 거다. 이 와중에 정부가 확정한 내년도 예산안에서 복지예산은 올해보다 8.6% 느는 데 그쳤다. 이명박 정부가 그렇게 비판하는 노무현 정부 5년 동안 복지예산 증가율은 평균 10.1%였다.

> 찬 대륙고기압의 세력이 커지면서 밤사이 남부지역[1]을 제외한 전국 대부분이 영하권으로 떨어지겠고, 내일 아침에는 강한 바람까지 불어 체감온도가 영하 10도까지 떨어질 것으로 전망됩니다. 동두천 등 경기 북부지역과 강원도와 경상북도 내륙 일부지방에는 **한파주의보까지 내려졌습니다**. 서해안지역에는 눈이 내리는 곳도 있겠습니다. 기상청은 예년보다 거센 이번 한파가 다음 주 목요일이 지나야 한풀 꺾일 것으로 보고 있습니다.

'내리다'에는 여러 뜻이 있지만 여기서는 '명령이나 지시 따위를 선포하거나 알려주다. 또는 그렇게 하다', '명령 · 지시 · 법령 따위를 주다. 펴다. 알리다'의 뜻이다. 타동사이자 자동사이다. 국립국어원 표준국어대사전에서 든 예문을 보자.

'정부는 전국에 계엄령을 내리고 불순분자를 색출하기 시작했다'에서는 타동사이고, '전국에 단발령이 내리자 선비들이 들고 일어났다'에서는 자동사다. 따라서 '내려지다'처럼 구태여 피동형으로 쓸 필요가 없다. 사전적으로는 '내려지다'에 '명령이나 지시 따위가 계통에 따라 차례로 전해지다'는 뜻이 있으므로 틀린 말은 아니지만 바람직하지 않다. 기상청이 어느 지역에 한파주의보를 **내리면**(**타동사**), 그 어느 지역에 한파주의보가 **내리는**(**자동사**) 것이다. 위 예문은 '한파주의보까지 내렸습니다'로 쓰면 족하다.

2009. 11. 14

1) '지역'과 '지방'은 가려 써야 한다. 다음에 살펴보자.

예

보스니아와 불가리아는 10여만 가구에 난방이 중단된 가운데 일부 학교에는 **휴교령이 내려졌습니다**.

➜ 보스니아와 불가리아는 10여만 가구에 난방이 중단된 가운데 일부 학교에는 **휴교령이 내렸습니다**.

이에 따라 충남 서해안지역엔 내일 오후에, 호남지방 대부분 지역엔 내일 밤에 **대설주의보가 내려질** 가능성이 큽니다.

➜ 이에 따라 충남 서해안지역엔 내일 오후에, 호남지방 대부분 지역엔 내일 밤에 **대설주의보가 내릴** 가능성이 큽니다.

호우경보가 내려진 제주 산간지역에는 지금까지 한라산 윗세오름에 209밀리리터, 진달래밭에도 202밀리리터의 많은 비가 쏟아졌습니다.

➜ **호우경보가 내린** 제주 산간지역에는 지금까지 한라산 윗세오름에 209밀리리터, 진달래밭에도 202밀리리터의 많은 비가 쏟아졌습니다.

김 의장이 직권상정을 약속만 해준다면 신문과 대기업의 방송사 소유지분을 낮춘 미디어법 수정안이라도 내겠다는 입장[2]입니다. 소속의원과 보좌진 전원에게는 **비상대기령이 내려졌습니다**.

➜ 김 의장이 직권상정을 약속만 해준다면 신문과 대기업의 방송사 소유지분을 낮춘 미디어법 수정안이라도 내겠다는 입장입니다. 소속의원과 보좌진 전원에게는 **비상대기령이 내렸습니다**.

오늘 대부분 지방에 다시 **건조주의보가 내려지고** 전국에서 5건의 산불[3]이 일어났습니다.

---

2) '방침'이나 '태도'로 바꾸자.

3) '5건의 산불'보다는 '산불이 5건', 또는 '산불 5건이'가 바람직하다.

→ 오늘 대부분 지방에 다시 **건조주의보가 내리고** 전국에서 산불이 5건 일어났습니다.

산불이 민가 쪽으로 번지면서 일부 마을에는 한때 **비상대피령까지 내려졌습니다.**

→ 산불이 민가 쪽으로 번지면서 일부 마을에는 한때 **비상대피령까지 내렸습니다.**

국세청이 납세자 권리보호 요청제를 도입한 이후 처음으로 세무조사 중지 **명령이 내려졌습니다.**

→ 국세청이 납세자 권리보호 요청제를 도입한 이후 처음으로 세무조사 중지 **명령이 내렸습니다.**

43. 당

올해도 농민들은 찬바람을 맞으며 '아스팔트 농사'를 짓는다. 해마다 되풀이되는 농민들의 생떼 아니냐고 몰아치지 말자. 그러기에는 자식 같은 알곡을 거두고도 빚만 더 늘어나는 농민들의 처지가 너무 암담하다. 전국의 벼 수매가는 지난해보다 10% 이상 떨어졌단다. 쌀이 남아도는 탓이다. 공급이 늘면 가격은 내리는 게 시장의 원리다. 하지만 농작물, 특히 쌀은 시장에만 맡겨둘 수 없다. 농업을 아예 포기하고 먹을거리를 죄다 외국에서 들여다 먹을 게 아니라면 그래선 안 된다. 방법이 없지 않다. 북한에 중국산 옥수수를 보내는 헛발질을 그만 두자. 2000년부터 북한에 보내던 한 해 평균 36만 톤은 우리나라 쌀 수확량의 10%에 가까운 양이다. 대북 쌀지원은 북녘 주민의 굶주림과 남녘 농민의 생계를 동시에 해결하는 길이다. 농협도 제 구실을 해야 한다. 재고누적과 경영악화를 핑계로 RPC, 종합미곡종합처리장이 사들이는 수매가를 자꾸만 낮춰서는 안 된다. 개별 RPC는 적자지만 농협 전체를 놓고 보면 해마다 흑자 아닌가? 농민을 상대로 한 돈놀이로 얻은 이익, 농산물 유통을 통해 거둔 이윤은 당연히 농민에게 되돌려줘야 한다. 그게 농협이 할 일이다. 쌀 한 톨 얻기 위해 88차례 땀방울을 흘린 농민에게 마땅한 대접이다.

> 양승용(강원 인제): "더 이상 배고픈 거, 더 이상 희망도 없는 거 더 해서 뭐하겠느냐…"
>
> 농민들은 작년에 중단된 연간 30만 톤 규모의 대북 쌀지원을 즉각 재개해 달라고 요구했습니다. 농민들은 또 정부 차원에서 쌀을 사들이는 게 어렵다면 현재 **80킬로그램당 1만 원** 정도인 보조금을 생산가를 보장해주는 수준까지 올려야 한다고 주장했습니다.
> 하지만 정부는 공공비축 물량을 오히려 3만 톤 줄이겠다고 밝힌 상황이어서, 농민들의 항의는 당분간 계속될 전망입니다.

'당'(當)은 '마다'의 뜻을 가진 접미사다. 사전이 풀이한 뜻 그대로 '마다'로 바꿔 쓰거나, 때에 따라 '에', '의' 정도로 고쳐 써도 뜻에는 아무런 차이가 없다. 되도록이면 한자어 대신 우리말을 쓰자.

위 예문도 '80킬로그램마다 1만 원', '80킬로그램에 1만 원'으로 고치는 게 낫다. '당'보다는 '마다'나 '에', '의'가 읽기에도 듣기에도 편하다.

2009. 11. 17

이에 따라 **노인 한 사람당** 평균진료비도 꾸준히 늘어 2007년 처음으로 2백만 원을 돌파한 데 이어 지난해에는 228만 원까지 치솟았습니다.

➜ 이에 따라 **노인 한 사람의** 평균진료비도 꾸준히 늘어 2007년 처음으로 2백만 원을 돌파한 데 이어 지난해에는 228만 원까지 치솟았습니다.

마리당 가격이 1억 원에 이르는 데다 워낙 예민해 이동 내내 수의사의 극진한 보살핌을 받았습니다.

➜ **마리마다 가격이** 1억 원에 이르는 데다 워낙 예민해 이동 내내 수의사의 극진한 보살핌을 받았습니다.

➜ **1마리(에) 가격이** 1억 원에 이르는 데다 워낙 예민해 이동 내내 수의사의 극진한 보살핌을 받았습니다.

젖소 유통업자 김 모 씨 등은 **한 마리당 10만 원에서 20만 원의 헐값**에 사들인 젖소들을 주로 새벽시간을 이용해 이곳으로 옮겼습니다.

➜ 젖소 유통업자 김 모 씨 등은 **한 마리에 10만 원에서 20만 원의 헐값**에 사들인 젖소들을 주로 새벽시간을 이용해 이곳으로 옮겼습니다.

톱스타 최지우 씨가 최근 출연한 드라마의 한 회 출연료는 4천8백만 원. 하지만 단역을 전전하는 신인배우들의 **회당 출연료는** 10만 원 선입니다.

➜ 톱스타 최지우 씨가 최근 출연한 드라마의 한 회 출연료는 4천8백만 원. 하지만 단역을 전전하는 신인배우들의 **한 회 출연료는** 10만 원 선입니다.

하지만 내년부터는 인공수정도 **1회당 50만 원씩**, 최대 3회까지 비용보조를 받을 수 있습니다.

➜ 하지만 내년부터는 인공수정도 **한 번에 50만 원씩**, 최대 3회까지 비용보조를 받을 수 있습니다.

44. '이/가'와 '은/는'

이명박 대통령이 제안한 이른바 '그랜드 바겐'에 오바마 미 대통령이 힘을 실었다. 이 대통령의 발언과 우리 정부의 해석으로는 분명히 그렇다. 하지만 주목하자. 오바마 미 대통령은 기자회견에서 단 한 번도 '그랜드 바겐'을 직접 언급하지 않았다. 오히려 두루뭉술하게 넘어가는 인상마저 남겼다. 뭔가 이상하지 않은가? 우리 정부의 바람과는 달리 '그랜드 바겐' 구상은 국제사회에서 별 반향을 얻지 못하고 있다. 세부 방법론이 없는 '그랜드 바겐'은 현실성이 부족한 일회성 구호에 지나지 않는다는 게 북미관계 전문가 대부분의 견해다. 대북제재에 관한 국제공조도 중국이 북한에 경제협력을 약속함에 따라 이미 깨졌다. 이런 여건을 고려하면 오바마 미 대통령이 '그랜드 바겐'을 입에 담지 않은 이유를 어렴풋이 짐작할 수 있다. 이명박 대통령이 그토록 애착을 보이니 '평화적 북핵폐기를 위한 국제공조'라는 원칙 아래 마지못해 묵인해주는 수준 아니었을까? 그 대신 '아프간 파병'과 '한미 FTA 자동차 재협상'이란 선물보따리를 받았으니 크게 남는 외교였던 셈이다. 반면에 이명박 정부는 어정쩡한 지지를 얻기 위해 간, 쓸개 다 내준 꼴 아닌가?

> **이명박 대통령과 오바마 미 대통령은** 정상회담에서 북핵 일괄타결 방안인 '그랜드 바겐'을 공동 추진하기로 합의했습니다. 다음 달에는 보스워스 특사가 평양을 방문합니다.
> OOO 기자입니다.
>
> 청와대를 처음 방문한 오바마 대통령은 환영식에 참석한 뒤 이명박 대통령과 정상회담에 들어갔습니다. 두 정상은 1시간 15분간의 회담에서 6자회담을 통한 완전하고 검증 가능한 북핵폐기 원칙을 재확인했습니다. 이 대통령이 제안한 북핵 일괄타결안, 그랜드 바겐에 대해서도 전적으로 의견을 같이했습니다.
>
> 이명박 대통령: "그랜드 바겐으로 제시한 일괄타결이 필요하다는 데 전적으로 공감하고 그 구체내용과 추진방안에 대해 긴밀히 협의해나가기로 했습니다."
>
> 오바마 미 대통령: "이 대통령과 나는 공동의 북핵 접근방식에 전적으로 일치합니다."

주어 뒤에 쓰는 조사 '이/가'와 '은/는'은 같은 말이 아니다. 주격조사 '이/가'는 주어인 앞말이 어떤 상태나 상황에 있거나 일정한 동작을 하는 주체를 나타낸다. 보조사 '은/는'은 앞말이 다른 어떤 것과 대조됨을 나타낸다. 앞말을 뭔가 관심을 끄는 이야깃거리라고 강조하는 뜻도 들어 있다.

예를 들어 '내가 어제 청계산에 올랐다'와 '나는 어제 청계산에 올랐다'는 같은 행위를 표현한 말이지만 뜻은 분명히 다르다. 앞 문장은 단순히 청계산을 오른 행위를 서술한 것이고, 뒤 문장은 앞뒤 문맥 속에서 나 아닌 다른 사람과는 다르게 청계산에 올랐다는 뜻이 더해진 것이다. 곧, 다른 누구는 오늘 청계산에 갔는데 나는 어제 갔다거나, 다른 누구는 어제 관악산에 갔는데 나는 청계산에 갔다는 식이다.

위 예문은 전체기사를 이끄는 문장으로서 '이명박 대통령과 오바마 미 대통령'이 처음 등장한다. 딱히 강조할 필요도 없고 다른 누구와 대조할 상황도 아니니까 '이명박 대통령과 오바마 미 대통령이'로 고쳐 써야 맞다.

또한 한 문장에 주어가 둘 이상이 나올 때는, 강조의 뜻을 지닌 '은/는'이 핵심 주제어, '이/가'가 단순 주제어를 표시하는 조사가 된다. 아무거나 써도 큰 차이가 없을 때도 있지만, 때에 따라서는 '이/가'와 '은/는'을 제자리에 제대로 쓰지 않으면 아주 어색한 문맥이 될뿐더러 기사가 전달하는 정보를 왜곡할 수 있다.

2009. 11. 19

예

유명환 **외교통상부 장관은** 아프가니스탄에 보낼 정부 실사단의 파견시기를 아직 구체적으로 정하지 못했다고 말했습니다. 알제리와 아랍에미리트 순방을 마치고 오늘 귀국한 **유명환 장관은** 인천공항에서 기자들에게 현지 실사단을 되도록 빨리 파견할 방침이지만 그렇다고 서두르지는 않을 것이라고 말했습니다.

➜ 유명환 **외교통상부 장관이** 아프가니스탄에 보낼 정부 실사단의 파견시기를 아직 구체적으로 정하지 못했다고 말했습니다. 알제리와 아랍에미리트 순방을 마치고 오늘 귀국한 **유명환 장관은**[1] 인천공항에서 기자들에게 현지 실사단을 되도록 빨리 파견할 방침이지만 그렇다고 서두르지는 않을 것이라고 말했습니다.

실제로 이곳에서 **강호순은** 자동차와 옷 등에 남은 범죄흔적을 없앤 것으로 경찰은 추정하고 있습니다.

➜ 실제로 이곳에서 **강호순이** 자동차와 옷 등에 남은 범죄흔적을 없앤 것으로 경찰은 추정하고 있습니다.

➜ 경찰은 실제로 이곳에서 **강호순이** 자동차와 옷 등에 남은 범죄흔적을 없앤 것으로 추정하고 있습니다.

북측은 최근에도 해안포 기동훈련 횟수를 늘리고 있다고 군 당국은 전했습니다.

➜ **북측이** 최근에도 해안포 기동훈련 횟수를 늘리고 있다고 군 당국은 전했습니다.

➜ 군 당국은 **북측이** 최근에도 해안포 기동훈련 횟수를 늘리고 있다고 전했습니다.

---

1) 어떤 인물이 기사에서 처음 나올 때는 단순한 주격조사 '이/가'를 쓰고, 그 인물의 행적이나 발언을 뒤에서 다시 구체적으로 설명할 때는 여기에서처럼 강조하는 의미가 있는 '은/는'을 써야 자연스럽다.

실명이 공개되면서 논란이 됐던 신문사 대표는 문건에 적시된 지난해 9월의 **행적은** 제대로 확인되지 못한 채 무혐의 처리됐습니다.

→ 실명이 공개되면서 논란이 됐던 신문사 대표는 문건에 적시된 지난해 9월의 **행적이** 제대로 확인되지 못한 채 무혐의 처리됐습니다.

→ 실명이 공개되면서 논란이 됐던 신문사 대표는 문건이 지적한[2] 지난해 9월의 **행적이** 제대로 확인되지 못한 채 무혐의 처리됐습니다.

이처럼 생산량이 크게 늘면서 일부 **채소값은** 산지에선 폭락했지만 막상 소비자들에겐 딴 세상 얘깁니다.

→ 이처럼 생산량이 크게 늘면서 일부 **채소값이** 산지에선 폭락했지만 막상 소비자들에겐 딴 세상 얘깁니다.

정부합동 실사단은 우리의 독자기지 최적지로 파르완주의 주도인 차리카르 시를 꼽았습니다.

→ **정부합동 실사단이** 우리의 독자기지 최적지로 파르완주의 주도인 차리카르 시를 꼽았습니다.

2) 능동형이 낫다. 또 '적시하다'보다는 '지적하다'로 쉽게 쓰는 게 좋겠다.

45. ○○○는 그러나,

김 선배! 술잔 한 번 부딪쳐본 적 없는 까마득한 후배가 감히 선배라고 부릅니다. 김 선배! 돌아오셨군요. 그러면서 정치권력으로부터 KBS를 지키기 위해 왔으니 믿어달라고 말씀하셨습니다. 하지만 선배! 선배를 반대하는 많은 후배들이 무엇 때문에 그러는지 잘 아시지 않습니까? 특정 대선후보 진영에 몸담았던 전력은 그 어떤 화려한 경력보다도 선배의 오늘을 분명히 규정합니다. 흠결입니다. 여러 선후배가 높이 사는 선배의 장점을 모두 덮어 없앨 만큼 치명적인 허물입니다. 그 허물을 인정하십시오. 아쉽고 억울해도 우선 인정하십시오. 그리고 진심으로 사과하셔야 합니다. 공영방송 사장이 되기엔 부끄러운 그 경력을 사과하고 권력에 자유로운 공영방송을 만들 제도와 장치를 마련해 약속하십시오. KBS가 공영방송의 자존심을 지킬 최소한의 전제조건입니다. 그리고 후배들이 선배를 인정하지 않는다고 해서 선배가 편 가르기를 해선 절대 안 됩니다. 내치지 말고 고루 껴안고 쓴소리에 귀 기울이십시오. KBS와 후배를 사랑하는 마음, 그리고 포용력만큼은 그 누구보다 넘친다는 선배에 대한 평가가 틀리지 않다는 것을 보여주십시오.

> 취임식은 통로를 봉쇄하고 출입문을 잠근 채 간부들만 참석한 가운데 진행됐으며, 일부 노조원들은 행사장의 전등을 끄고 취임식의 사내중계를 중단시키기도 했습니다. 김인규 사장은 취임사에서 정치권력과 자본으로부터 KBS를 지키러 왔다며 소통을 통해 오해를 해소하겠다고 말했습니다.
>
> 김인규(KBS 사장): "우리 모두 진정을 갖고 대화를 나눈다면 풀지 못할 일이 없을 거라고 저는 믿습니다."
>
> **노조측은 그러나** 김인규 사장을 인정할 수 없다며 김 사장이 물러날 때까지 계속 투쟁하겠다고 밝혔습니다.

'그러나'는 부사로 접속어이다. 접속어에는 '그리고', '하지만', '그런데', '그러므로', '또는', '및' 따위가 있다.

우리말에서 접속어는 단어와 단어, 구절과 구절, 문장과 문장을 이어주는 구실을 하는데, 위 예문처럼 문장과 문장을 이을 때는 뒤 문장의 맨 앞에 나오는 게 원칙이다. 접속어를 주어 뒤에 놓는 것은 주어를 강조하려거나 글의 멋을 살리려는 의도이지만 분명히 틀린 어순이다. '그러나 노조측은'으로 순서를 바꿔야 맞다.

덧붙이면, 접속어가 많은 글은 간결하지 못하고 구질구질하다. 다른 글도 마찬가지지만 특히 방송기사에서는 되도록 접속어를 쓰지 않는 게 좋다.

2009. 11. 24

정연주(KBS 전 사장): "절차적 민주주의가 이명박 대통령 취임 이후에 많은 위협을 받고 있는 것에 대한 경종이라고 생각합니다."
재판부는 그러나 경영부실이 일부 인정되는 만큼 해임을 원천무효로 해달라는 청구는 기각했습니다.

➜ 정연주(KBS 전 사장) : "절차적 민주주의가 이명박 대통령 취임 이후에 많은 위협을 받고 있는 것에 대한 경종이라고 생각합니다." **그러나 재판부는** 경영부실이 일부 인정되는 만큼 해임을 원천무효로 해달라는 청구는 기각했습니다.

"거점병원으로서 수용을 하고 다 치료를 하라 이것은 불가능합니다."
정부는 하지만 거점병원을 중심으로 한 체계구축이 무엇보다 중요하다고 보고 병원 쪽에 지원을 강화하는 쪽으로 가닥을 잡았습니다.

➜ "거점병원으로서 수용을 하고 다 치료를 하라 이것은 불가능합니다." **하지만 정부는** 거점병원을 중심으로 한 체계구축이 무엇보다 중요하다고 보고 병원 쪽에 지원을 강화하는 쪽으로 가닥을 잡았습니다.

또 공식 집계되진 않았지만 아일랜드와 이탈리아에서도 첫 감염자가 나타났습니다.
WHO는 그러나 북미 이외의 지역에선 신종 인플루엔자 바이러스가 지속적으로 확산되고[1] 있다는 증거는 없다고 밝혔습니다.

➜ 또 공식 집계되진 않았지만 아일랜드와 이탈리아에서도 첫 감염자가 나타났습니다. **그러나 WHO는** 북미 이외의 지역에선 신종 인플루엔자 바이러스가 지속적으로 번지고 있다는 증거는 없다고 밝혔습니다.

1) '확산되다'는 '확산하다'로 쓰거나 '번지다'로 순화하자.

따라서 민생법안 처리와 원활한 국정운영을 위해 야당에 인준협조를 요청했습니다. **여권 내에서는 그러나** 과거와 다른 이중잣대로 인사청문회에 임한 것 아니냐는 비판의 목소리도 나왔습니다.

➜ 따라서 민생법안 처리와 원활한 국정운영을 위해 야당에 인준협조를 요청했습니다. **그러나 여권 내에서는** 과거와 다른 이중잣대로 인사청문회에 임한 것 아니냐는 비판의 목소리도 나왔습니다.

북한의 기업이 아닌 개인에 대한 제재에 중국이 동의하기는 이번이 처음입니다. **류젠민 중국 대사는 그러나** 제재대상에 포함될 북한관리가 누구인지는 구체적으로 밝히지 않았습니다.

➜ 북한의 기업이 아닌 개인에 대한 제재에 중국이 동의하기는 이번이 처음입니다. **그러나 류젠민 중국대사는** 제재대상에 포함될 북한관리가 누구인지는 구체적으로 밝히지 않았습니다.

지난 2007년 국방부는 복무기간을 2014년까지 순차적으로 6개월 단축하겠다고 밝혔습니다. **2년이 지난 지금 국방부는 그러나** 단축기간 6개월은 너무 길다며 이를 줄여야 한다는 내용의 병역법 개정안 의견서를 국회에 제출했습니다.

➜ 지난 2007년 국방부는 복무기간을 2014년까지 순차적으로 6개월 단축하겠다고 밝혔습니다. **그러나 2년이 지난 지금 국방부는** 단축기간 6개월은 너무 길다며 이를 줄여야 한다는 내용의 병역법 개정안 의견서를 국회에 제출했습니다.

➜ 지난 2007년 국방부는 복무기간을 2014년까지 순차적으로 6개월 단축하겠다고 밝혔습니다. **그러나 국방부는 2년이 지난 지금** 단축기간 6개월은 너무 길다며 이를 줄여야 한다는 내용의 병역법 개정안 의견서를 국회에 제출했습니다.

46. 줄어드는 출산율?

2305년이 되면 우리나라 인구가 고작 5만 명만 남는단다. 인구가 소멸하는 세계 첫 나라가 될 거란다. 데이비드 콜먼 옥스퍼드대 교수의 이 끔찍한 예측을 그냥 흘려듣기에는 우리나라의 저출산 상황이 무척 심각하다. 나라 전체에 이미 큰 부담이다. 늦었지만 이제라도 대책을 서둘러야 한다. 절실하다.

그래도 그렇지, 취학나이를 낮춰 출산율을 높이겠다는 발상은 영 엉성하고 어설프다. 사교육비를 1년이라도 줄인다니…. 초등학교에만 보내면 사교육비 부담이 금세 사라지기라도 한단 말인가? 급식비에다 이런저런 준비물 비용까지 따로 내야 하는 현재 초등학교는 엄밀히 의무교육이라고 할 수도 없다. 방과 후 학원비까지 생각하면 유치원 때보다 비용부담이 늘면 늘지 줄지 않는다. 게다가 맞벌이 가정, 한부모 가정에는 초등학생 자녀의 방과 후 시간이 오히려 큰 짐이다. 나아가 이로 말미암아 설사 고등학교, 대학교까지 졸업하는 나이가 1년 준다고 해도 취업이 하늘의 별따기인 현실에서 부모의 전체

부담은 결코 줄지 않는다. 순진한 바람일 뿐이다. 그런 정책을 어떻게 출산율을 높이는 방안으로 내놓는지 황당하기까지 하다. 아이를 더 낳도록 하려면 공보육과 공교육의 영역을 더 늘리고 강화해야 한다. 모든 걸 경쟁과 시장원리에만 맡기려는 현 정부에 바라기엔 영 무리겠지만 말이다.

> 우리나라의 출산율은 1.22명, 세계평균 출산율 2.54명의 절반에도 못 미치는 최저수준입니다. 대통령직속 미래기획위원회는 **갈수록 줄어드는 출산율을 끌어올리기 위해** 초등학교 취학연령을 한 살 낮추자는 제안을 내놨습니다.
> 현재 만 6세에 입학하는 초등학교를 만 5세부터 다니게 해, 유치원 등의 사교육비를 1년이라도 줄이고, 절약되는 정부보육비 예산을 만 4세까지의 보육에 더 투입하자는 겁니다.

'출산율'은 일정기간에 태어난 아이가 전체 인구에 차지하는 비율이다. 비율은 다른 수나 양에 대한 어떤 수나 양의 비, 곧 비교관계이다. 따라서 '늘어나다 : 줄어들다'보다는 '높아지다 : 낮아지다'로 표현해야 자연스럽다. 위 예문에서 뒤의 '끌어올리기 위해'는 옳지만 앞의 '줄어드는'은 그르다. '갈수록 낮아지는 출산율을 끌어올리기 위해'로 고쳐야 한다.

출산율뿐 아니라 방송기사에서 자주 쓰는 사망률, 환율, 이자율, 합격률, 시청률, 경쟁률 따위는 모두 비율이다. '많고 적고'나 '늘고 줄고'가 아니라 '높고 낮고'나 '오르고 내리고'로 설명해야 바른 문장이고 뜻도 더 분명하다. 비율의 비교나 변화는 모두 높낮이로 표현하자.

2009. 11. 25

예

우리나라 전체 **출산율이** 계속 **줄어들고 있지만**, 쌍둥이 **출산율만큼은** 오히려 **늘어나고 있습니다.**

→ 우리나라 전체 **출산율이** 계속 **낮아지고 있지만**, 쌍둥이 **출산율만큼은** 오히려 **높아지고 있습니다.**

지난해 충북지역에서만 결혼 5년 미만의 '신혼이혼'은 모두 979건으로 전체 이혼에서 차지하는 **비율이** 최근 4년 동안 4%포인트 가까이 **증가했습니다.**

→ 지난해 충북지역에서만 결혼 5년 미만의 '신혼이혼'은 모두 979건으로 전체 이혼에서 차지하는 **비율이** 최근 4년 동안 4%포인트 가까이 **높아졌습니다.**

그러나 **출산율 감소와** 도심공동화로 지금은 전교생이 한 학년에 한 반씩 모두 백여 명에 불과합니다.

→ 그러나 **출산율 저하와** 도심공동화로 지금은 전교생이 한 학년에 한 반씩 모두 백여 명에 불과합니다.

→ 그러나 **출산율 하락과** 도심공동화로 지금은 전교생이 한 학년에 한 반씩 모두 백여 명에 불과합니다.

한국 유학생들의 미 대학원 **합격비율이** 지난해에 비해 16%나 크게 **줄었습니다.**

→ 한국 유학생들의 미 대학원 **합격비율이** 지난해에 비해 16%나 크게 **낮아졌습니다.**

→ 한국 유학생들의 미 대학원 **합격비율이** 지난해에 비해 16%나 크게 **떨어졌습니다.**

그러나 교통사고에 따른 **사망률은** 10년 전보다 42.5%가 **줄었습니다.**

→ 그러나 교통사고에 따른 **사망률은** 10년 전보다 42.5%가 **낮아졌습니다.**

47. ~고 있다

노조활동은 사회악이다. 안타깝게도 현 정부에서는 이 명제가 참이다. 이명박 대통령은 노조를 기업활동은 물론 사회 전체에 암과 같은 존재로 보는 듯하다. 특히 파업은 결코 용납해선 안 된다는 확고한 신념을 지닌 듯하다. 며칠 전엔 공개된 자리에서 "공기업노조가 파업하는 것은 국민이 이해하기도 힘들고 이해해서도 안 될 것", "적당히 타협하고 가선 안 된다"고 말했다. 대통령이 앞장서 노조의 파업을 불법으로 몰고 협상의 여지마저 없애버린 셈이다. 노조를 동반자로 여기지 않고 대화와 협상을 거부하면 결국은 노사공멸이다. 밀어붙이고 굴복시키는 방식은 더 거센 반발과 갈등만 키운다. 참된 해법이 아니다. 파업을 비롯한 단체행동권은 단결권, 단체교섭권과 함께 헌법이 보장하는 노동자의 기본권리이다. 서울대 총장까지 지낸 국무총리는 731부대를 항일 독립군 부대라 우기고, 대기업 최고경영자에 서울시장까지 지낸 대통령은 중학교에서 배우는 상식을 외면한다.

정부는 오늘 대국민 담화를 발표하고, 강경대응 방침을 확인했습니다.

윤증현(기획재정부 장관): "불법파업에 대해서는 일체의 관용 없이 법과 원칙에 따라 엄정하게 대처해 나갈 것입니다."

정부는 이번 파업이 근로조건이 아니라, '공기업 선진화 방안'이라는 정부방침을 무산시키기 위한 정치적 **목적을 가지고 있고**, 회사의 고유권한인 해고자 복직을 요구하기 때문에 **불법이라고 보고 있습니다**. 이에 대해 철도노조는 정부가 합법적 쟁의행위를 **탄압하고 있다며** 집행부가 모두 검거되더라도 파업을 강행할 것이라고 반발했습니다.

'~고 있다'는 표현이 넘친다. 위에 예로 든 기사만 봐도 마지막 두 문장에 '~고 있다'는 표현이 세 번이나 나왔다.

어떤 상태나 행위가 계속 유지되고 있음을 나타내는 영어의 현재진행형 시제를 억지로 옮긴 표현이다. 일본말 '~ている'이 같은 뜻이어서 일본말에서 처음 유래한 듯도 하다. 영어에서 왔든지 일본말에서 왔든지 우리말 쓰임으로는 영 어색하다.[1)]

상태나 행위의 지속을 꼭 나타낼 필요가 있을 때에는 써야 하지만, 기사문장에서 보이는 '~고 있다'의 대부분은 쓸 필요가 없는데도 습관에 따라 잘못 쓴 사례다. 위 예문은 '목적을 갖고', 또는 '목적이 있고', '불법이라고 봤습니다', 또는 '불법이라고 봅니다', '탄압한다며'로 저마다 바꿔 쓰면 된다.

2009. 12. 1

---

1) 고경태는 책 《유혹하는 에디터》에서 '~하고 있다'가 '일본식'이어서가 아니라 부자연스러워서 잘못이라며 "왜 온통 '~하고 있다'와 '~할 수 있다'에 중독됐을까"라고 한탄한다.

소방관들은 인명과 재산을 지키기 위해 격무에 **시달리고 있는데**, 일한 만큼 수당조차 제대로 **받지 못하고 있다며** 소송을 **준비하고 있습니다**.

➜ 소방관들은 인명과 재산을 지키기 위해 격무에 **시달리는데**, 일한 만큼 수당조차 제대로 **받지 못한다며** 소송을 **준비하고 있습니다.**[2)]

양측의 희생자도 더 늘어나 탱크 오폭으로 이스라엘군 병사 4명이 추가로 숨져 지상전 개시 이후 이스라엘군 사망자는 5명으로 늘었고, 하마스측 사망자는 백여 명으로 **추정되고 있습니다**.

➜ 양측의 희생자도 더 늘어나 탱크 오폭으로 이스라엘군 병사 4명이 추가로 숨져 지상전 개시 이후 이스라엘군 사망자는 5명으로 늘었고, 하마스측 사망자는 백여 명으로 **추정됩니다.**

민주당은 민주당의 농성에 대해 국회에서 해산명령을 내렸던 만큼 한나라당에 대해서도 똑같은 조치를 취해달라고 **요청하고 있습니다**.

➜ 민주당은 민주당의 농성에 대해 국회에서 해산명령을 내렸던 만큼 한나라당에 대해서도 똑같은 조치를 취해달라고 **요청했습니다.**

정밀한 복제기계가 모조품 범퍼를 계속 **만들어내고 있습니다**. 올 들어 한국차들의 매출이 크게 늘자 모조품을 집중적으로 한국산으로 **둔갑시키고 있다고** 한 직원이 털어놓습니다.

➜ 정밀한 복제기계가 모조품 범퍼를 계속 **만들어냅니다.** 올 들어 한국차들의 매출이 크게 늘자 모조품을 집중적으로 한국산으로 **둔갑시켰다고** 한 직원이 털어놓습니다.

2) 소송준비가 진행중인 상태이니까 이때는 '준비하고 있습니다'를 써야 뜻이 분명하다.

입주기업들은 현 시점에서 개성공단 철수는 어렵다며 북한의 계약무효 선언이 공단폐쇄로까지 이어지지는 않을 것으로 **내다보고 있습니다**.

➜ 입주기업들은 현 시점에서 개성공단 철수는 어렵다며 북한의 계약무효 선언이 공단폐쇄로까지 이어지지는 않을 것으로 **내다봤습니다**.

러시아의 한 지방경찰관이 경찰들의 비리를 인터넷 유튜브에 폭로한 뒤 해임돼 **화제를 모으고 있습니다**.

➜ 러시아의 한 지방경찰관이 경찰들의 비리를 인터넷 유튜브에 폭로한 뒤 해임돼 **화제가 됐습니다**.[3)]

대한민국의 수출은 이제 연간 4천억 달러를 넘보면서 세계 9위의 수출국이 될 것이란 **전망도 나오고 있습니다**.

➜ 대한민국의 수출은 이제 연간 4천억 달러를 넘보면서 세계 9위의 수출국이 될 것이란 **전망도 나옵니다**.

3) '화제를 모았습니다'보다는 '화제가 됐습니다'가 훨씬 자연스럽다.

48. 참가, 참석, 참여

지구 온난화는 환경론자들의 근거 없는 음모적 가설에 불과하다? 《공포의 제국》이나 《지구 온난화에 속지 마라》와 같은 책은 나름의 증거와 논리를 가지고 이런 이야기를 풀어낸다. 흥미로운 주장이다. 하지만 킬리만자로의 만년설과 북극빙하는 계속 녹아내리고, 남태평양의 섬나라 투발루는 오늘도 조금씩 물에 잠기는 중이다. 부인할 수 없는 사실이다. 이 때문에 덴마크 코펜하겐에서 열리는 유엔기후변화협약 당사국 총회가 인류와 지구의 재앙을 막을 마지막 기회라는 말까지 나온다.

이런 기대와 달리 총회에 참석한 정상들이 실효성 있는 결론을 내놓으리라고 확신하긴 어렵다. 이산화탄소를 많이 배출하는 미국과 중국을 비롯한 주요 배출국이 여전히 의무감축에 부정적이다. 선진국은 선진국대로 개발도상국은 개발도상국대로 책임을 떠넘기는 모습이다. 하기야 의무감축에 합의하더라도 실천이 없다면 소용없는 일이다. 실천은 모두의 몫이다. 지금과는 다른 여러 불편을 기쁘게 선택해야 한다.

《고등어를 금하노라》의 지은이 임혜지의 가족은 자동차의 나라 독일에서 승용차 없이 자전거를 탄단다. 물이 200리터나 드는 욕조목욕은 아예 하지 않고 샤워만 하는데 샤워 때 쓰는 물 9~20리터 정도마저 줄이기 위해 수압을 낮추는 장치를 달기로 했다니, 당장 따라하진 못할지라도 마음가짐만은 얼른 배워야 한다.

> 내일부터 2주간 열리는 유엔기후변화협약 총회에서는 오는 2012년에 종료되는 교토의정서를 대체할 새로운 기후협약 체결방안이 집중 논의됩니다. 전 세계가 온실가스 배출을 언제까지, 얼마나 줄일지 결정하고 국가별 감축목표치도 논의합니다. 개최국인 덴마크는 오는 2050년까지 온실가스를 1990년의 절반으로 줄이자는 감축안을 제시해 놓고 있습니다. **이번 회의에는** 지구 온난화의 절박함을 반영하듯 전 세계에서 백여 명 정상들이 **참가를 약속했습니다**.

정상들이 회의에 '참가'할까? '참석'할까? '참여'할까? 결론부터 말하면 '회의'에는 '참석'이 가장 잘 어울린다. '참석'은 어떤 모임자리에 들어가는 것을 뜻한다. '참가'는 어떤 모임이나 단체에 관계해 들어가는 것이다. '참석'보다는 규모가 크고 더 동적이다. 이에 비해 '참여'는 어떤 곳에 참가해 관계하는 것으로 그 안에서 어떤 소임을 하는 것을 가리킨다. '참가'보다 더 능동적이다.

앞뒤 문맥에 따라 다르지만, 보통 '참석'은 회의나 회담, 모임, 만찬 따위와 어울리고, '참가'는 대회, 경기, 훈련, 집회, 소송 따위와, '참여'는 투표, 표결, 논쟁, 현실, 정치 따위와 어울린다. 뜻에는 큰 차이가 없으면서도 어감은 다른 단어이니 때에 따라 잘 가려 쓰자.

2009. 12. 6

희망근로사업에 참여해 땀 흘린 지 한 달, 첫 월급에 대한 기대가 일순간에 무너진 이들이 있습니다.

→ **희망근로사업에 참가해** 땀 흘린 지 한 달, 첫 월급에 대한 기대가 일순간에 무너진 이들이 있습니다.

투표에 절반 이상이 **참가할 경우** 노조통합 건은 참가자 2/3 이상 찬성, 민주노총 가입 건은 절반 이상 찬성으로 가결됩니다.

→ **투표에** 절반 이상이 **참여할 경우** 노조통합 건은 참가자 2/3 이상 찬성, 민주노총 가입 건은 절반 이상 찬성으로 가결됩니다.

경찰 관계자는 지난달 민주노총 **집회에** 공무원 노조위원장과 간부들이 **참석하고** 시국선언을 주도해 공무원법 위반 여부를 수사하고 있다고 밝혔습니다.

→ 경찰 관계자는 지난달 민주노총 **집회에** 공무원 노조위원장과 간부들이 **참가하고** 시국선언을 주도해 공무원법 위반 여부를 수사하고 있다고 밝혔습니다.

그저 시끄럽게 울부짖는 것 같지만 자고새 노래 **경연대회에 참여한** 어엿한 선수들입니다.

→ 그저 시끄럽게 울부짖는 것 같지만 자고새 노래 **경연대회에 참가한** 어엿한 선수들입니다.

민주노총이 오늘 오후 서울 영등포 사무실에서 16개 산별노조 위원장과 지역본부장 등이 **참여하는 중앙집행위원회**를 엽니다.

→ 민주노총이 오늘 오후 서울 영등포 사무실에서 16개 산별노조 위원장과 지역본부장 등이 **참석하는 중앙집행위원회**를 엽니다.

49. ~을(를) 상대로, ~을(를) 대상으로

사고가 난 지 꼬박 2년이 지났다. 이제 제법 깨끗한 바닷물과 모래를 되찾았다지만 눈에 보이는 모습일 뿐이다. 태안은 여전히 아프다. 유조선에서 흘러나온 원유 1만 2천여 리터와 그 기름을 없애려 뿌린 유화제 2백억 원어치는 바다를 엉망으로 망쳤다. 꽃게도 우럭도 모습을 감췄고, 망가진 굴 양식장에는 굴 껍데기만 산처럼 쌓였다. 아직도 갯벌을 파면 기름이 배어 나온다. 바다 생태계가 되살아나는 데 10년이 걸릴지 20년이 걸릴지 가늠조차 어렵다. 낙지를 잡고 굴을 까 생계를 잇던 주민들은 터전을 잃었다. 하릴없이 일손을 놓았다. 그런데도 보상은 지지부진하다. 배상 청구금액 1조 465억 원 가운데 지금까지 고작 68억 원이 지급됐다. 사고를 유발한 삼성중공업은 법의 보호 아래 뒷짐만 지고 있다. 우리가 123만 자원봉사자의 힘으로 기적을 이뤄냈다고 뿌듯해하는 동안에도 태안은 여전히 신음한다.

> 태안환경보건센터가 피해지역 주민 **1만 6백여 명을 상대로 건강조사를 실시한 결과**, 환경성 질환 우려가 최대 4배 이상 높게 나왔습니다. 특히 초등학생들의 천식 유병률은 16.8%로 공단이 밀집해있는 울산보다 2배 이상 높았습니다. 방재 작업 참여 주민들에게선 유전물질 이상소견이 나왔습니다. 장기간 방제작업으로 다량의 발암물질에 노출됐기 때문으로 추정됩니다.

위 예문은 '1만 6백여 명의 건강을 조사한 결과'로 고쳐 써야 한다. '실시하다'에 대해서는 위에서 살펴봤고, 여기서는 '~을(를) 상대로', '~을(를) 대상으로'라는 표현을 보자.

사전풀이를 보면 '상대'는 '서로 마주 대함. 또는 그런 대상'이고 '대상'은 '어떤 일의 상대 또는 목표나 목적이 되는 것'이다. 둘은 아무 차이 없이 같은 말이다. '~을(를) 상대로'나 '~을(를) 대상으로'는 설문이나 면접조사 따위의 결과를 전할 때 누구를 조사했는지를 설명하기 위해 쓴다. 어떤 행위의 대상을 나타낼 때도 많이 쓴다. 모두 바람직하지 않다. 괜히 한자어인 '상대'나 '대상'을 써서 복잡하게 표현할 필요 없이 그냥 '~을(를)'이나 '~에게', '~에', 때에 따라 '~와'로 표현하면 충분하다.

2009. 12. 7

예

따라서 정부는 오는 29일까지 전화를 통해[1] 일반 공무원과 대학교수, 시민 등 **만여 명을 대상으로 설문조사를 실시하기로 했습니다.**

→ 따라서 정부는 오는 29일까지 전화로 일반 공무원과 대학교수, 시민 등 **만여 명을 설문조사하기로 했습니다.**

→ 따라서 정부는 오는 29일까지 일반 공무원과 대학교수, 시민 등 **만여 명을** 전화로 **설문조사하기로 했습니다.**

3명의 목숨을 앗아간 판교공사장 붕괴사고를 수사중인 경찰은 시공사인 SK건설과 사고현장 옆 도로를 공사한 **삼성물산을 상대로 강도 높은 조사를 벌였습니다.**[2]

→ 3명의 목숨을 앗아간 판교공사장 붕괴사고를 수사중인 경찰은 시공사인 SK건설과 사고현장 옆 도로를 공사한 **삼성물산을 강도 높게 조사했습니다.**

환경부는 전국의 다른 지역 시멘트공장 주변지역에서도 **주민들을 상대로 건강실태 조사를 확대하기로 했습니다.**

→ 환경부는 전국의 다른 지역 시멘트공장 주변지역에서도 **주민들의 건강실태 조사를 확대하기로 했습니다.**

→ 환경부는 전국의 다른 지역 시멘트공장 주변지역에서도 **주민들의 건강실태 조사를 더 하기로 했습니다.**

노조는 내일 조합원 **간부들을 대상으로** 잠정합의안에 대한 설명회를 갖고,[3] 이번

---

1) '통해'는 필요 없는 말이다. 조사방법을 나타내는 '전화로'는 조사대상인 '만여 명' 뒤에 오는 게 자연스럽다.

2) '벌이다'의 잘못은 앞에서 설명했다.

3) '~에 대해', '~에 대해서'는 앞서 살펴봤듯이 옳지 못한 표현이다. 여기서 다루는 '~을(를) 상대로', '~을(를) 대상으로'와 마찬가지 잘못이다. 또, 설명회는 '갖다'보다 '하다'가 어울린다. 역시 앞에서 지적했다. 결국 '~에 대한 설명회를 갖다'는 '~를 설명하다'로 고쳐 써야 훨씬 편하다.

주 안으로 조합원 찬반투표를 할 예정입니다.

➜ 노조는 내일 조합원 **간부들에게** 잠정합의안을 설명하고 이번 주 안으로 조합원 찬반투표를 할 예정입니다.

공공기관 건물 안에 불법 수입 성인용품 물류창고를 운영하면서 **전국을 대상으로** 판매를 해온 업자들이 덜미가 잡혔습니다.

➜ 공공기관 건물 안에 불법 수입 성인용품 물류창고를 운영하면서 **전국에** 판매를 해온 업자들이 덜미를[4] 잡혔습니다.

용의자는 세상을 비관하며 알지 못하는 **노인들을 상대로** 범행을 저지른 것으로 드러나 충격을 주고 있습니다.

➜ 용의자는 세상을 비관하며 알지 못하는 **노인들에게** 범행을 저지른 것으로 드러나 충격을 주고 있습니다.

4) 주어와 술어관계로 봐서 '덜미를'이 맞다.

50. 시각, 시간

무슬림의 숫자는 14억 명이나 된다. 세계 인구의 20%가 넘는다. 그런데도 우리는 무지하다. 아랍, 중동, 이슬람의 경계조차 제대로 구분하지 못한 채 막연히 그 지역과 문화를 뭉뚱그려 본다. 테러와 종교전쟁, 남녀차별과 같은 편견만 갖고 있을 뿐이다. 편견은 곧 맹목적 비난과 두려움이 된다. 미국과 유럽은 물론 우리나라도 덩달아 '이슬람공포증'(*Islamophobia*)에 걸렸다고 해도 지나치지 않다.

'이슬람공포증'은 이슬람에 대한 근거 없는 적대감으로 모든 무슬림을 두려워하거나 싫어하는 현상이다. 하지만 '이슬람'은 아랍어로 순종과 평화를 뜻한다고 한다. 무슬림들은 기독교를 비롯한 이교도를 무시하지도 박해하지도 않는다고 한다. 이슬람지역에서 일어난 근현대의 비극을 찬찬히 살펴보면 대부분 패권확장과 원유자원 확보를 위한 강대국의 욕심에서 비롯했다. 정부의 아프간 파병결정 소식을 듣자마자 우리 파병군인이 안전할까 하는 걱정과 함께 무슬림들에게 한없이 미안한 생각이 드는 배경이다.

이라크 수도 바그다드의 하늘이 검은 연기로 뒤덮였습니다. **현지 시간으로** 오늘 오전 10시 25분에 노동부 청사 인근에서 첫 폭탄공격이 시작된 뒤 경찰서, 시장 등 다섯 곳에서 연이어 거대한 폭발음이 진동했습니다.
지난 10월 정부청사에 대한 대대적인 폭탄테러 이후 40여일 만에 다시 정부청사 등 공공건물이 표적이 됐습니다. 오늘 테러로 지금까지 적어도 112명이 숨지고 190여 명이 다쳤습니다.

'시각'과 '시간'은 다른 말이다. '시각'은 시간의 어느 한 시점, 곧 특정한 순간을 가리키고 '시간'은 특정시각과 시각 사이의 동안, 기간을 뜻한다. 단순하고 간단한 차이인데 혼동해 '시각'을 '시간'으로 잘못 쓰는 일이 적지 않다. 위 예문은 '현지시각으로'로 고쳐 써야 맞다.

어떤 문장에서는 '시각'이나 '시간'을 생략해도 되는데 이럴 때엔 과감히 빼자. '약속시간', '마감시간' 따위에서는 '시간'이 익숙하게 허용되지만 기간이 아니라 시점을 가리키는 말이어서 명확히는 '시각'으로 써야 옳다는 점도 알아두자.

덧붙이면, 본디 옛 시법에서 '시'(時)는 하루의 12분의 1을 나타내는 단위이고 '각'(刻)은 100분의 1인 14분의 24초 동안을 나타내는 단위이다. 중국 명나라 때 독일의 선교사 아담 샬이 태음력과 태양력을 결합해 시헌력이란 역법을 만들었는데, 이때부터는 '각'(刻)이 하루의 12분의 1인 한 '시'(時)를 여덟로 나눈 하나, 하루의 96분의 1인 15분을 가리키게 됐다고 한다.

2009. 12. 8

예

또 춘천시와 철원군 등 5개 시군의 호우주의보도 **같은 시간** 해제될 전망입니다.[1)]

→ 또 춘천시와 철원군 등 5개 시군의 호우주의보도 **같은 시각** 해제될 예정입입니다.

폐업신고를 낸 점포를 인수한 지 불과 20일 만에 문을 열었습니다. 개점 직전에야 간판을 달았고 **새벽시간을** 틈타 상품을 들여놨습니다.

→ 폐업신고를 낸 점포를 인수한 지 불과 20일 만에 문을 열었습니다. 개점 직전에야 간판을 달았고 **새벽을** 틈타 상품을 들여놨습니다.

같은 시간 안나푸르나 등정을 시도한 김재수 대장팀과 김창호 대장팀, 김홍빈 대장팀 역시 모두 3캠프로 철수했습니다.

→ **같은 시각** 안나푸르나 등정을 시도한 김재수 대장팀과 김창호 대장팀, 김홍빈 대장팀 역시 모두 3캠프로 철수했습니다.

우리 시간으로 어제 낮 12시 40분쯤, **현지 시간으로** 9시 10분쯤 인도에서 싱가포르로 향하던 화물선에서 선원들이 집단 식중독 증세를 보여 4명이 숨졌다고 외교부 당국자가 밝혔습니다.

→ **우리 시각으로** 어제 낮 12시 40분쯤, **현지 시각으로** 9시 10분쯤 인도에서 싱가포르로 향하던 화물선에서 선원들이 집단 식중독 증세를 보여 4명이 숨졌다고 외교부 당국자가 밝혔습니다.

유네스코 무형유산위원회는 **우리 시간으로** 오늘 오후 아랍에미리트 아부다비에서 본회의를 열어 이들[2)] 5건의 세계무형유산 등재를 심사할 예정입니다.

---

1) '전망입니다'는 옳지 않다. 앞에서 살펴봤다.

2) '이들'은 영어에서 비롯한 쓸모없는 복수형 표현이다. 앞에서 '이들 ○○○들'의 잘못을 설명했다.

→ 유네스코 무형유산위원회는 **우리 시각으로** 오늘 오후 아랍에미리트 아부다비에서 본회의를 열어 이 5건의 세계무형유산 등재를 심사할 예정입니다.

대신 늘 **일정한 시간에** 밥 양을 똑같이 먹습니다.

→ 대신 늘 **일정한 시각에** 밥 양을 똑같이 먹습니다.

관제사들이 비행일정을 수동으로 입력해야 했고 **우리 시간으로** 어젯밤 9시쯤부터 5시간 동안 뉴욕과 애틀랜타 등 주요 공항에서 항공기 운항이 차질을 빚었습니다.

→ 관제사들이 비행일정을 수동으로 입력해야 했고 **우리 시각으로** 어젯밤 9시쯤부터 5시간 동안 뉴욕과 애틀랜타 등 주요 공항에서 항공기 운항이 차질을 빚었습니다.

51. 기하다

12 · 12 쿠데타가 일어난 지 꼭 30년이다. 12 · 12는 전두환을 중심으로 한 신군부세력이 일으킨 군사반란이다. 당시 대통령이던 최규하의 승인 없이 군부 내 사조직 '하나회'를 동원해 군사를 일으킨 명백한 쿠데타이다. 한때 '성공한 쿠데타는 처벌할 수 없다'는 해괴한 논리가 동원되기도 했지만 결국 대법원은 군 형법상 반란이라고 판결했다. 그런데도 그 주역은 처벌을 받기는커녕 참회하고 용서를 구한 적도 없다. 12 · 12 쿠데타는 물론 광주 민주화운동을 무력진압하고 양민을 학살한 데 대해서도 아무런 반성이나 속죄의 뜻도 없다. 뇌물수수 추징금 1,672억여 원을 내지 않고도 전 재산이 29만 원뿐이라는 뻔뻔한 말로 오히려 떵떵거린다. 5 · 18 당시 발포명령에 맞서다 정신분열증에 걸린 진압군 출신 김동관 씨를 국가유공자로 인정하는 판결이 최근 나왔다. 쿠데타의 주역은 여전히 건재한데 이런 판결이나마 다행이라고 위안 삼아야 하는 현실은 슬픈 아이러니다.

내일로 12·12 '쿠데타'가 30년을 맞게 되는데, KBS가 미 국무부 '비밀해제 문건'을 단독 입수했습니다. 미국은 당시 사실상의 '쿠데타'로 규정했다가 하루 만에 철회했습니다.
워싱턴, OOO 특파원입니다.

1979년 12·12 쿠데타 이틀 뒤, 글라이스틴 당시 주한 미국대사가 본국에 보낸 비밀전문입니다. 12·12를 '사실상의 쿠데타'로 규정한 전날 보고는 잘못된 거라며, **성격규정에 신중을 기할 것을** 건의합니다.

동사 '기하다'는 어떤 한자를 쓰느냐에 따라 여러 뜻을 가진다. '忌'를 쓰면 '꺼리다, 피하다', '記'를 쓰면 '어떠한 것을 써넣다', '基'를 쓰면 '기초를 두다'의 뜻이다. '奇'를 쓰면 '기이하다, 신기하다'는 뜻의 형용사가 된다.

흔히 보는 '기하다'는 위 기사처럼 한자 '期'를 쓴 동사다. '기일을 정해 어떠한 행동이나 일의 계기를 삼다', 또는 '이루어지도록 기약하다'의 뜻이다. 앞의 뜻으로는 '6시를 기해 호의주의보가 해제됐습니다'처럼 쓰고, 뒤의 뜻으로는 '신중을 기하다', '내실을 기하다', '철저를 기하다'처럼 쓰는데 둘 다 좋지 않은 표현이다.

앞의 표현은 '6시에'나 '6시부터'로 쓰고, 뒤의 표현은 '신중히 하다', '내실을 다지다', '철저히 하다' 등으로 써야 편하고 자연스러운 우리말이다. 특히 뒤의 표현은 굳이 '기약하다'는 본디의 뜻이 필요도 없는 자리에 쓰여 어색함만 남았다.

위 예문은 '성격규정을 신중히 할 것을', 또는 '성격을 신중히 규정할 것을'로 바꾸면 좋다.

2009. 12. 11

민주당이 오늘 **오전 11시를 기해** 국회 본회의장 농성을 풀었습니다.

➜ 민주당이 오늘 **오전 11시(에)** 국회 본회의장 농성을 풀었습니다..

디도스 공격이 어제 **오후 6시를 기해** 멈췄습니다.

➜ 디도스 공격이 어제 **오후 6시(부터)** 멈췄습니다.

이에 따라 경기 내륙과 경북 북부 일부지방에 내려졌던 한파주의보는 오늘 **오전 9시를 기해** 모두 해제될 것으로 보입니다.

➜ 이에 따라 경기 내륙과 경북 북부 일부지역[1]에 내렸던[2] 한파주의보는 오늘 **오전 9시에** 모두 해제될 것으로 보입니다.

홍만표 대검 수사기획관은 이해 당사자의 일방적인 진술을 그대로 **보도하는 것에 신중을 기해달라고** 말해 노 전 대통령측과 뚜렷한 시각차를 드러냈습니다.

➜ 홍만표 대검 수사기획관은 이해 당사자의 일방적인 진술을 그대로 **보도하는 것을 신중히 해달라고** 말해 노 전 대통령측과 뚜렷한 시각차를 드러냈습니다.

안 원내대표는 비정규직의 실업대란이 예상되는데 국회등원을 정략적으로 이용하며 직무유기하는 행태는 고쳐져야 한다면서 각 상임위별로 법안처리에 **만전[3]을 기해줄 것을** 당부했습니다.

➜ 안 원내대표는 비정규직의 실업대란이 예상되는데 국회등원을 정략적으로 이용하며 직무유기하는 행태는 고쳐져야 한다면서 각 상임위별로 법안처리에 **최선을 다해줄 것을** 당부했습니다.

---

1) '지방'보다 '지역'이 낫다. 뒤에서 살펴보자.

2) 한파주의보는 '내려지지' 않고 '내린다'. 앞에서 설명했다.

3) '만전'은 '조금도 허술함 없이 아주 완전함'이란 뜻으로 '최선'이나 '완전'으로 바꿔 써야 좋은 말이다.

→ 안 원내대표는 비정규직의 실업대란이 예상되는데 국회등원을 정략적으로 이용하며 직무유기하는 행태는 고쳐져야 한다면서 각 상임위별로 법안처리에 **최선을 다해달라고**[4] 당부했습니다.

중국정부는 이번 위기를 외부로는 생색을 내면서 안으로는 **내실을 기하겠다는** 전략입니다.[5]

→ 중국정부는 이번 위기를 외부로는 생색을 내면서 안으로는 **내실을 다지는** 기회로 삼겠다는 전략을 펴고 있습니다.

국정원 사이버 안전센터는 디도스 악성코드에 감염된 개인용 컴퓨터에서 **오늘 0시를 기해** 하드디스크 저장장치의 모든 내용을 파괴하는 프로그램이 실행된다고 밝혔습니다.

→ 국정원 사이버 안전센터는 디도스 악성코드에 감염된 개인용 컴퓨터에서 **오늘 0시부터** 하드디스크 저장장치의 모든 내용을 파괴하는 프로그램이 실행된다고 밝혔습니다.

---

4) '~해줄 것을 당부했다'보다는 '~해달라고 당부했다'가 훨씬 자연스러운 문장이다.

5) 듣기 민망한 비문이다. 주어인 '중국정부'와 술어인 '전략입니다'는 호응하지 않다. '이번 위기를'을 풀어주는 말도 없다.

52. 유예하다

노사관계의 기본은 자율이다. 노사의 자율을 한껏 존중하는 것이야말로 현 정부가 추구한다는 '글로벌 스탠더드'이자 민주주의의 보편원리이다. 해법은 뚜렷하고 분명하다. 복수노조를 허용하고 전임자 임금지급은 개별노사에 맡겨라. 그리고 정부는 갈등과 대립을 조정하고 중재하는 최소한의 구실만 해라. 그런데 그럴 뜻이 없는 모양이다. 임태희 노동부장관은 헌법이 보장하는 노동 3권 가운데 단체교섭권과 단체행동권을 제한할 수 있다고 밝혔다. 노동문제에서만큼은 헌법도 무시하겠다는 뜻이다. 위험하다. 공기업의 단체협약을 연이어 해지하더니, 거기에 저항해 합법파업을 한 철도노조 김기태 위원장을 헌법 아래인 형법의 업무방해죄를 끌어다 구속한 것과 일맥상통한다. 노동의 가치, 노동자의 권리, 노동조합 활동의 당위에 대한 비틀린 시각을 드러낸다. 2009년 대한민국은 1970년 노동자 전태일의 몸을 불사른 항거가 여전히 유효하다.

모호한 합의로 인한 해석의 차이로, 합의 당사자들조차 공방을 벌이는 형국입니다. 복수노조를 또다시 **유예하고** 교섭창구를 단일화하기로 한 것을 두고는 야당과 민노총이 반발하고 있습니다.[1)]
민주당 소속인 추미애 국회 환노위원장은 노사정 합의를 정면으로 부정하면서, 다자간 협의를 다시 진행하겠다고 밝혔습니다.

동사 '유예(猶豫)하다'는 '우물쭈물하며 망설이다, 망설여 일을 결행하지 아니하다' 또는 '시일을 늦추거나 미루다, 일을 결행하는 데 날짜나 시간을 미루다'의 뜻을 지녔다.

'유예하다'가 틀린 말은 아니지만, 사전풀이에 들어있는 '망설이다'나 '미루다', '늦추다'로 바꿔 써도 뜻에 아무런 차이가 없다. 위 예문은 '미루고'나 '늦추고'로 고쳐야 쉽고 편한 우리말이다.

2009. 12. 14

1) '반발하고 있습니다'는 앞에서 설명한 것처럼 '~이 있습니다' 꼴의 그른 표현이다. '반발했습니다'나 '반발합니다'로 쓰자.

예

임태희 노동부장관 후보자는 13년 동안 법 **시행이 유예돼온** 복수노조 허용과 전임자 임금지급 금지를 내년에 적용하겠다고 밝혔습니다.

→ 임태희 노동부장관 후보자는 13년 동안 법 **시행이 미뤄져온** 복수노조 허용과 전임자 임금지급 금지를 내년에 적용하겠다고 밝혔습니다.

→ 임태희 노동부장관 후보자는 13년 동안 법 **시행을 미뤄온** 복수노조 허용과 전임자 임금지급 금지를 내년에 적용하겠다고 밝혔습니다.

축구의 지역 리그제의 경우, **유예기간도** 없고 현장의 의견수렴이 없는 대책이라는 반발이 일고 있습니다.2)

→ 축구의 지역 리그제의 경우, **미뤄둘 기간도** 없고 현장의 의견수렴이 없는 대책이라는 반발이 있습니다.

→ 축구의 지역 리그제의 경우, **미뤄둘 기간도** 없고 현장의 의견수렴이 없는 대책이라는 반발이 입니다.

이처럼 국민연금에 가입하고도 실직이나 휴폐업 등으로 보험료 **납부를 유예받은** 예외자는 5백만 명에 이릅니다.

→ 이처럼 국민연금에 가입하고도 실직이나 휴폐업 등으로 보험료 **납부가 늦춰진** 예외자는 5백만 명에 이릅니다.

한나라당은 다음 달부터 적용되는 비정규직의 정규직 전환법의 적용시기를 **유예하기로** 했습니다.

→ 한나라당은 다음 달부터 적용되는 비정규직의 정규직 전환법의 적용시기를 **미루기로** 했습니다.

2) '일고 있습니다'도 피하자.

그러나 두바이의 국영회사 두바이월드가 **채무상환유예를** 요청하면서 두바이에 투자했던 스타들도 충격에 빠졌습니다.

➜ 그러나 두바이의 국영회사 두바이월드가 **채무상환을 미뤄달라고**[3] 요청하면서 두바이에 투자했던 스타들도 충격에 빠졌습니다.

김정훈 원내수석부대표도 국세청이 집중호우로 피해를 입은 납세자의 국세 납부기한을 9개월간 **유예키로 했는데, 유예기간을** 더 늘리는 방안을 검토해달라고 당부했습니다.

➜ 김정훈 원내수석부대표도 국세청이 집중호우로 해를 입은[4] 납세자의 국세 납부기한을 9개월간 **미루기로 했는데, 미뤄둘 기간을** 더 늘리는 방안을 검토해달라고 당부했습니다.

---

3) 풀어쓰니 글자 수가 조금 늘긴 했지만 뜻이 훨씬 쉬워졌다. 내친 김에 '빚 갚는 걸 미뤄달라고'로 고치면 어떤가? 뜻이 다른가? 가볍게 들리나? 오히려 뜻도 분명하고 듣기에도 편하지 않은가?

4) 앞서 살펴본 것처럼 '피해를 입다'는 잘못된 표현이다.

53. 지역 - 지방

모처럼 찾아온 강추위다. 올 겨울도 삼한사온을 제대로 느끼기 어려울 정도로 따뜻한 날씨가 이어지던 터라 간만의 추위가 더 매섭다. 특히 철거지역 세입자들에게는 이번 한파가 시리다 못해 잔인하기까지 하다. 서울시의 철거강행 때문이다. 서울시가 겨울철에는 철거를 하지 않겠다고 한 약속을 1년 만에 뒤집었다. 종로에서, 마포에서, 사람이 살고 있는 건물을 마구 부순다. 마포에서는 60대 세입자가 철거에 항의하다 스스로 목숨을 끊기까지 했다. 그렇게 만든 공원을 그 누가 여유롭게 거닐며 즐길 수 있을 것인가? 성과 보여주기에 눈이 멀어 힘없는 서민의 아픔 따위는 내팽개치기로 작정한 모양이다. 광화문광장에 6억 원을 들여 꽃밭을 꾸민 것도, 그걸 금세 갈아엎고 11억 5천만 원짜리 스케이트장을 만든 것도, 경복궁 앞에 17억 원을 쏟아 부어 거대한 스노보드 도약대를 세운 것도 결국 같은 맥락으로밖에 설명이 안 된다.

전국에 몰아닥친 한파에 **강원도 산간지방**은 영하 10도 이하로 뚝 떨어졌습니다. 매서운 추위에 태어난 지 3일된 송아지는 어찌할 바를 모릅니다.
내일은 더 춥습니다. 대관령은 -16도, 서울은 -9도까지 떨어지고, 부산을 포함한 **남부지방**에도 영하의 추위가 불어 닥쳐 제주도를 제외한 전국이 꽁꽁 얼어붙을 것으로 보입니다.

'지역'과 '지방'은 다르다. '지역'은 '일정한 땅의 구역이나 경계, 그 안의 땅', '어떤 특징으로 나눈 일정한 영역'이다. '지방'은 단순히 '어느 한 방면의 땅'이란 뜻도 있지만 '서울 이외의 지역, 수도나 대도시 이외의 고장'이란 뜻이 더 강하다.

'서울지역'이라고는 써도 '서울지방'이라고는 쓰지 않는다. 곧, '지방'은 '중앙'이나 '서울'과 맞서는 의미가 뚜렷하다. '중앙'과 대립하거나 상대하는 개념일 때에만 '지방'을 쓰고, 다른 때에는 가치중립적인 '지역'으로 써야 낫다. 위 기사에서 '산간지방'은 '산간지역'으로 쓰되 '산간'으로만 써도 좋다.

'남부지방'도 '남부지역'으로 바꿔 써야 하지만, 우리나라를 '북부지방, 중부지방, 남부지방' 셋으로 나눠 표현하는 굳어진 말로 봐서 그냥 써도 되겠다.

2009. 12. 15

예

오늘부터 설날까지는 추위와 함께 **서해안 지방**을 중심으로 많은 눈이 예보됐습니다.

→ 오늘부터 설날까지는 추위와 함께 **서해안**(**지역**) 을 중심으로 많은 눈이 예보됐습니다.

새벽부터 **전국 대부분 지방**으로 비가 확대되면서 빗줄기도 점차 굵어지고 있습니다.

→ 새벽부터 **전국 대부분 지역**으로 비가 확대되면서 빗줄기도 점차 굵어지고 있습니다.

지금까지 강화에 14밀리미터, 문산 12밀리미터 등 **중서부 지방**엔 10밀리미터가 넘는 비가 왔고, 서울은 5.7밀리미터를 기록하고 있습니다.

→ 지금까지 강화에 14밀리미터, 문산 12밀리미터 등 **중서부**(**지역**) 엔 10밀리미터가 넘는 비가 왔고, 서울은 5. 7밀리미터를 기록하고 있습니다.

밤이 되면서 빗줄기가 점차 강해지면서 **충청지방**에도 곳곳에 빗방울이 떨어지기 시작했습니다.

→ 밤이 되면서 빗줄기가 점차 강해지면서[1] **충청지역**에도 곳곳에 빗방울이 떨어지기 시작했습니다.

1) 어울리지도 않는 '~면서'가 잇따라 나와 문장 전체가 어색하다. '밤들어 빗줄기가 점차 강해지고, 충청지역에도 곳곳에~'로 고쳐보자.

54. ~다는 방침입니다

또 '막장국회'다. 청와대가 꿈쩍도 않으니 민주당으로선 선택할 다른 길도 딱히 없겠다. 4대강 사업예산을 두고 타협이라도 한다면 변절했다느니 회색이라느니 매서운 질타를 받을 게 뻔하다. 하여 4대강 사업을 막는 데 전력투구하는 것 말고는 살길이 없다고 판단했을 게다. 내년 지방선거를 앞두고 날을 세워야 유리하다는 셈도 했을 테다.

유치하고 실망스럽다. 옳은 신념과 가치를 추구하더라도 방식과 절차는 정당해야 한다. 어떤 명분이든 국회에 소화기와 쇠사슬, 쇠망치가 다시 등장해선 안 된다. 소수여서 어쩔 수 없다는 건 이유가 되지 않는다. 소수당의 목소리라도 국민의 지지가 있으면 힘을 갖는다. 충분한 힘을 얻지 못한 건 민주당 스스로 탓이다. 두 전직 대통령의 죽음으로 조성된 유리한 흐름을 제대로 잇지 못한 채 몇 달이나 무력한 모습을 보인 탓이다. 민주개혁 진영을 모아 세를 불리기는커녕 오히려 분열을 방치하고 조장하듯 했다. 마땅한 대안정책을 내놓지 못하고 어영부영 끌려다니다 보니 정국 주도권을 쥐지 못했다. 국민이 보기에 오만하고 무능하기는 청와대, 한나라당이야 말할 것도 없고 민주당도 오십보백보다.

> 민주당은 4대강 예산 가운데 대운하 관련 의혹부분이 전액 삭감되지 않는 한 점거농성을 **풀지 않겠다는 방침**입니다. 이를 위해 의원 전원에게 대기령을 발동했고, 자정부터는 의원들을 5개 조로 나눠 점거농성을 **이어간다는 계획**입니다.
> 한나라당은 일단 오늘은 예결위 회의장에 **진입하지 않겠다는 입장**을 밝혔습니다. 그러나 내일 오전 10시 다시 예결위 회의를 열고 계수조정소위 구성을 **시도한다는 방침**이어서, 회의장을 점거중인 민주당 의원들과의[1] 물리적 충돌이 우려되는 상황입니다.

'방침이다', '계획이다', '예정이다'와 같은 앞일을 나타내는 술어 앞에 어떠한 방침, 어떠한 계획, 어떠한 예정인지를 꾸며주는 말이 붙은 문장이다. 그 꾸며주는 말에 '~다는'을 붙여 쓴 기사문장이 많은데, 굳이 '~다는'을 쓸 필요가 없다. '~다는'은 간접 인용절에 쓰는 '~다고'에 '하는'이 붙은 '~다고 하는'의 준말이다. 인용하지 말고 설명해보자.

위 예문에서 '풀지 않겠다는 방침'은 '풀지 않을 방침'으로, '이어간다는 계획'은 '이어갈 계획'으로, '시도한다는 방침'은 '시도할 방침'으로 바꾸면 된다. 읽기도 편하고 듣기도 훨씬 자연스럽다. '진입하지 않겠다는 입장'도 '진입하지 않을 입장'으로 바꿀 수 있는데 바로 뒤에 '~을 밝혔습니다'가 나와 '~을'이 겹쳐 오히려 더 어색해지니 그냥 두는 게 낫다.

또 '입장'은 '방침'이나 '태도', '자세', '의견', '주장' 따위로 고쳐 써야 할 일본식 한자어이다. '진입하지 않을 방침'으로 고치거나 '진입하지 않겠다는 방침'으로 쓰자.

2009. 12. 17

---

1) '민주당 의원들과'로 쓰면 된다. '~와의', '~과의'의 잘못. 앞에서 살펴봤다.

예

청와대는 행안부장관 후보는 이번 주 **발표한다는 방침**이지만 아직 확정된 상태는 아니라면서 후보인선에 고심[2]하는 모습을 보이고 있습니다.

→ 청와대는 행안부장관 후보는 이번 주 **발표할 방침**이지만 아직 확정된 상태는 아니라면서 후보인선에 고심하는 모습을 보이고 있습니다.

정부는 오는 2018년까지 100% 순수 국내기술로 한국형 발사체를 **개발한다는 계획**입니다.

→ 정부는 오는 2018년까지 100% 순수 국내기술로 한국형 발사체를 **개발할 계획**입니다.

또 조사받은 150여 명 가운데 일부를 재출석시켜 조사를 마무리하는 한편 마디병원 원장 등 의사 3명도 주말쯤 **소환한다는 방침**입니다.

→ 또 조사받은 150여 명 가운데 일부를 재출석시켜 조사를 마무리하는 한편 마디병원 원장 등 의사 3명도 주말쯤 **소환할 방침**입니다.

한국노총은 오는 9일 지도부의 무기한 천막농성에 이어 16일부터는 연말 총파업 찬반투표를 하는 등 대정부 압박수위를 **높여간다는 계획**입니다.

→ 한국노총은 오는 9일 지도부의 무기한 천막농성에 이어 16일부터는 연말 총파업 찬반투표를 하는 등 대정부 압박수위를 **높여갈 계획**입니다.

정부는 다음 주 세종시 대안의 초안을 마련한 뒤 여론수렴을 거쳐 이달 중순쯤 최종안을 **확정한다는 계획**입니다.

→ 정부는 다음 주 세종시 대안의 초안을 마련한 뒤 여론수렴을 거쳐 이달 중순쯤 최종안을 **확정할 계획**입니다.

---

2) '고심'은 일본말 찌꺼기이다. 여기서는 '고민'으로 쓰면 된다.

일단 연말까지만 한시적으로 **고용한다는 예정**입니다.

→ 일단 연말까지만 한시적으로 **고용할 예정**입니다.

예산안 처리를 놓고 여야가 첨예하게 맞서고 있는 가운데 한나라당은 오늘 오전 예정대로 예산안 조정 소위를 구성해 **가동한다는 방침입니다**.

→ 예산안 처리를 놓고 여야가 첨예하게 맞서고 있는 가운데 한나라당은 오늘 오전 예정대로 예산안 조정 소위를 구성해 **가동할 방침입니다.**

2단계로는 거주지 학군 내의 학교들을 대상으로 지원을 받아 40%를 추첨 배정한 뒤 3단계에서 나머지 40%의 인원을 거주지 인근 학교에 **배정한다는 방침이었습니다**.

→ 2단계로는 거주지 학군 내의 학교들을 대상으로 지원을 받아 40%를 추첨 배정한 뒤 3단계에서 나머지 40%의 인원을 거주지 인근 학교에 **배정할 방침이었습니다.**

55. 내역, 내역서

다행이다. 신종플루가 가라앉는 분위기다. 전염속도가 확연히 떨어지고 사망자 수도 이젠 크게 늘지 않는다. 전염병 위기단계는 '심각'에서 '경계'로 낮아졌다. 최근 돼지에도 감염된 사실이 확인돼 보건당국을 놀라게 했지만 큰 문제는 아닌 듯하다. 온 국민이 정도를 넘어섰다 할 정도의 긴장 속에 철저히 대비한 덕이다. 헌데 북한은 요즘 심상치 않은 모양이다. 이명박 대통령이 치료제 지원의사를 밝힌 바로 다음날 발생사실을 인정하고 공식발표할 만큼 다급한 듯하다. 한편으론 다행이다. 쉬쉬하면서 시간을 끌지 않고 남한의 인도적 도움을 받아들인 것은 백번 잘한 일이다.

이 계기를 잘 살리길 바란다. 대화와 교류를 늘려야 한다. 남한은 중국산 옥수수뿐 아니라 남아도는 남한산 쌀도 지원하겠다고 밝히고, 북한은 우선 옥수수 1만 톤만이라도 남한의 지원을 받아들여야 한다. 남한은 개성과 금강산관광 재개를 위한 북한의 대화제의를 비공식이라는 이유로 거부하지 말고, 북한은 진정 관광사업을 다시 할 심산이라면 당국채널로 공식제의해야 한다. 하나하나 실타래를 풀고 신뢰를 쌓자. 채 며칠 안 남은 2010년은 남과 북의 정상이 만나 6·15 공동성명을 발표한 지 꼭 10년이 되는 해이다. 강산이 변한다는 10년 동안 남북관계도 뭔가 진전이 있어야 하지 않겠는가?

> 북측은 치료제를 각 시도별로 분배하겠다며 30일 내[1]에 **분배내역서**를 남측에 전달하기로 했습니다. 이와는 별도로 개성공단 북측근로자를 위한 타미플루 1천 명분과 열감지 카메라 2대 등도 오늘 오전 개성공단 관리위를 통해 북측에 전달됐습니다.
> 현 정부 들어 당국 차원의 대북 인도적 지원은 이번이 처음입니다. 현재 중국에서 진행되고 있는 남북 해외공단 공동시찰과 함께 이번 치료제 지원이 얼어붙은 남북관계를 녹여낼 수 있을지 주목됩니다.

'내역'(內譯)은 '물품이나 금액 따위의 내용'의 뜻을 가진 단어다. '우치와케'(うちわけ)라고 읽는 일본식 한자어이다. '분명하고 자세함, 또는 물품이나 금액 따위의 분명하고 자세한 내용'을 뜻하는 우리말 '명세'(明細)로 고쳐 써야 맞다. 대부분의 기사에선 더 쉬운 단어인 '내용'이라고 써도 뜻이 통한다.

위 예문은 '분배명세서'로 고치든지, 풀이해서 '분배내용 문서' 또는 그냥 '분배내용' 정도로 고쳐도 별 차이 없다.

2009. 12. 18

---

1) '30일 내'는 '30일 안'으로 고쳐 써야 낫다.

예

지난 3월, 여야의원 4명의 해외출장 경비조달 관련**내역입니다**.

→ 지난 3월, 여야 의원 4명의 해외출장 경비조달 관련**명세입니다**.

→ 지난 3월, 여야 의원 4명의 해외출장 경비조달 관련**내용입니다**.

그러나 피해자 대부분은 자동이체로 요금을 내는 데다 **내역서를** 꼼꼼하게 확인하지 않아 범행을 눈치 채지 못했습니다.

→ 그러나 피해자 대부분은 자동이체로 요금을 내는 데다 **명세서**를 꼼꼼하게 확인하지 않아 범행을 눈치 채지 못했습니다.

고철로 신고된 장비들은 수입국으로 향하는 배 안에서 다시 중장비로 신고**내역이** 바뀌었습니다.

→ 고철로 신고된 장비들은 수입국으로 향하는 배 안에서 다시 중장비로 신고**명세가** 바뀌었습니다.

→ 고철로 신고된 장비들은 수입국으로 향하는 배 안에서 다시 중장비로 신고**내용이** 바뀌었습니다.

각 판매처에서 거래가 이뤄지면 복권번호 등의 **내역이** 운영업체와 복권위원회의 메인서버 2곳에 똑같이 실시간으로 전송됩니다.

→ 각 판매처에서 거래가 이뤄지면 복권번호 등의 **명세가** 운영업체와 복권위원회의 메인서버 2곳에 똑같이 실시간으로 전송됩니다.

→ 각 판매처에서 거래가 이뤄지면 복권번호 등의 **내용이** 운영업체와 복권위원회의 메인서버 2곳에 똑같이 실시간으로 전송됩니다.

경찰은 차 씨의 통장에서 2007년부터 지난 7월까지 97명으로부터 입영연기를 대가로 9천3백만 원을 받은 **내역을** 확인했습니다.

→ 경찰은 차 씨의 통장에서 2007년부터 지난 7월까지 97명에게서(한테서)[2] 입영연기를 대가로 9천3백만 원을 받은 **명세를** 확인했습니다.

→ 경찰은 차 씨의 통장에서 2007년부터 지난 7월까지 97명에게서(한테서) 입영연기를 대가로 9천3백만 원을 받은 **내용을** 확인했습니다.

경찰청은 국내 한 IT업체의 산업기밀과 직원들의 **이메일 내역** 등을 해킹한 뒤 이를 돌려주겠다며 50만 유로, 우리돈 8억여 원을 요구한 독일인 2명을 구속했습니다.

→ 경찰청은 국내 한 IT업체의 산업기밀과 직원들의 **이메일 내용** 등을 해킹한 뒤 이를 돌려주겠다며 50만 유로, 우리돈 8억여 원을 요구한 독일인 2명을 구속했습니다.

2) '~으로부터'의 잘못은 앞에서 살펴봤다.

그 밖에 고쳐야 할 30가지

1. 불구하고

'얽매여 거리끼지 않다'는 뜻의 '불구하다'는 주로 '~에도 불구하고', '~ㄴ데도 불구하고' 따위로 쓰는데, 앞의 사실이나 조건을 뒤에서 뒤집어 다른 사실을 힘줘 나타내는 구실을 한다. '~지만', '~에도', '~ㄴ데도'로 써도 아무런 차이가 없다. 공연히 글자 수만 늘릴 뿐이다. 'in spite of', 'despite of', 'though', 'although', 'for all' 따위를 우리말로 마구 바꿔 쓴 탓에 오염된 듯하다.

25톤의 **무게에도 불구하고** 승무원과 분대원 등 9명을 태우고 물속을 힘차게 내달립니다.

→ 무게에도/무게지만/무게인데도

세계보건기구, WHO는 타미플루의 효과에 대한 일부 **논란에도 불구하고**, 고위험군 신종플루 환자에게 항바이러스제 타미플루를 처방하는 것이 타당하다는 입장[1]을 거듭 밝혔습니다.

→ 논란에도/논란이 있지만

오늘 회의에서 국토해양부는 **세종시 개발에도 불구하고** 혁신도시 등 다른 주요 지역발전 정책은 차질 없이 추진된다고 밝혔습니다.

→ 세종시 개발에도/세종시가 개발돼도

1) '방침'이나 '태도'가 좋겠다.

2. 때문에

우리말에서 '때문에'라는 말은 홀로 쓰지 못하고 반드시 그 앞에 명사나 대명사 또는 '때문에'를 꾸며 주는 관형절이 와야 한다. 문장의 처음에 쓸 때는 그 앞의 상황을 받아서 표현하는 '이'나 '그', '그렇기'를 넣어서 '이 때문에', '그 때문에'로 써야 바르다.

국내 은행에서 돈을 빌려 아파트를 만들어 분양한 뒤 이익을 남기고 그 수익금으로 도시 기반시설이나 업무용 건물을 만드는 방식입니다. **때문에** 외국인 투자와 다국적기업을 유치해 새로운 성장동력으로 삼는다는 애초의 취지는 빛을 바랬습니다.

➜ 이 때문에/그 때문에/그렇기 때문에

특히 부시 정부가 이미 1,600억 달러 이상의 감세를 실시했지만 별 효과가 없었던 것도 문제입니다. **때문에** 한국시간[2]으로 모레 있을 오바마 당선자의 첫 부양책 공개에 시선이 쏠리고 있습니다.

➜ 이 때문에/그 때문에/그렇기 때문에

성당측은 조문시간이 자정을 넘지 않도록 조문행렬을 조절할 방침입니다. **때문에** 오늘 밤늦게 이곳에 오는 분들은 조문에 참여하기 어려울 수도 있습니다.

➜ 이 때문에/그 때문에/그렇기 때문에

2) '한국시각'이 맞다.

3. 보다

'보다'는 격조사다. 서로 차이가 있는 것을 비교할 때 비교의 대상이 되는 말에 붙여 쓴다. 홀로는 쓰지 않는다. '보다'를 홀로 쓴 표현은 다 잘못이다. '한층 더', '좀더', '더욱', '더욱더' 따위로 바꿔 써야 맞다.

강풍으로 항공기 운항도 곳곳에서 중단돼 폴란드와 이스라엘의 국방장관 회담도 무산됐습니다. **보다** 남쪽의 터키에는 갑작스런 홍수가 나면서 주택 수백 채와 승용차들이 피해를 입었습니다.

➜ 더/더욱

특히 최근 경기침체로 양육에 어려움을 겪는 위기가정이 늘어나고 있는 점도 위탁에 주목하는 이읍니다. **보다** 현실적인 양육대안이 될 수 있다는 것입니다.

➜ 더/더욱/좀더

은퇴한 이들의 전유물로 여겨졌던 전원살이가 젊어지고 있습니다. **보다** 행복한 삶을 찾아 일은 도시에서, 살기는 전원에서 사는 3, 40대들이 늘고 있습니다.

➜ 더/더욱

4. 즉

'즉'(卽)은 '다시 말해서', '다름이 아니라', '바로' 따위의 뜻을 갖는 부사다. 앞서 말한 내용을 풀어 더 자세히 설명하거나 다른 말로 풀이할 때 쓰는 말이다. 우리말인 '곧'이나 '바로'로 써도 아무런 차이가 없다.

때문에[3] 정부가 대출금을 떼일 경우[4] 그 책임을 은행이 지지 않도록 하는 획기적 조처를 내놨습니다. **즉** 보증기관을 대대적으로 동원한 것입니다.

➜ 곧

470MHz는 UHF, **즉** '극초단파'에 해당하는 주파수로 우리나라 디지털 방송에 사용되는,[5] 상용화된 주파수 대역이기 때문입니다.

➜ 곧/바로

경찰이나 우체국을 사칭한 보이스피싱, **즉** 전화금융사기단이 또 붙잡혔습니다.

➜ 곧

3) '이 때문에'나 '그 때문에'로 고치자.

4) '떼일 경우'는 '떼일 때'나 '떼이면'으로 바꿔 쓰자.

5) '사용되는'으로 쓸 이유가 없다. '사용하는'으로 쓰자.

5. 감안하다

어떤 것에 대해 생각한다는 뜻의 일본식 한자어이다. '살피다', '생각하다', '고려하다', '참작하다'로 바꿔 쓸 수 있다.

김정일 위원장의 적지 않은 나이를 **감안하면** 건강이상 징후가 아닌가 하는 관측도 나오고 있습니다.

➜ 고려하면/생각하면

이렇게 한-EU FTA로 무역규모가 커지고, 산업구조 조정 등을 통해 생산성이 높아지는 것까지 **감안하면** 장기적으로는 최고 5%의 GDP 증대효과가 기대되고 있습니다.

➜ 고려하면/참작하면

군사독재에 대한 투쟁 끝에 민주주의를 쟁취해냈고 남북정상회담을 이끌어내 한반도 평화에 기여함으로써 노벨평화상까지 수상한 점 등이 **감안됐다고**[6] 정부는 설명했습니다.

➜ 고려됐다고

6) 능동형태인 '수상한 점 등을 고려했다고'로 고치면 훨씬 편한 문장이 된다.

6. 애매하다

'애매하다'는 '아무 잘못 없이 꾸중을 듣거나 책망을 받아 억울하다'는 뜻의 순우리말이다. 이와 달리 한자로 쓴 '애매(曖昧)하다'는 우리말 '모호하다'와 같은 뜻을 지닌 일본식 한자어다.

두 단어가 합쳐진 '애매모호하다'는 말도 바람직하지 않다. 우리말 '모호하다'만으로 충분하다.

애매한 합의가 모순된 법안을 낳고 이해당사자간에 끝없는 공방이 이어지고 있습니다.

➜ 모호한

금메달을 따내긴 했지만 **애매한** 심판판정 속에 김연아는 예상보다 낮은 점수를 받았습니다.

➜ 모호한

이런 이유로 문화재청은 성금을 선뜻 반길 수도, 거부할 수도 없는 **애매모호한** 상황입니다.

➜ 모호한

7. 모아지고 있습니다

'모아지다'는 타동사인 '모으다'를 억지로 변형한 것이다. '모이다'로 쓰면 더할 나위 없이 완벽하다. '모이고 있습니다'나 '쏠리고 있습니다'로 쓰면 적절하다. 또, 계속 진행되고 있는 상황이 아니라면 '~이 있습니다'란 표현도 피하자.

민주당이 국회농성을 일부 해제하면서 중단됐던 여야대화가 오늘 다시 시작될지 관심이 **모아지고 있습니다**.

➜ 모이고 있습니다/쏠리고 있습니다/모입니다/쏠립니다

전주 덕진은 정동영 전 장관과 민주당이 공천갈등을 겪으면서 공천결정 전부터 관심이 **모아졌던** 지역굽니다.

➜ 모였던/쏠렸던

이번 연구결과로 산새소리가 졸음을 방지하는 친환경적 수단이 될 수 있을지 관심이 **모아지고 있습니다**.

➜ 모입니다/쏠립니다

8. 발효중인 가운데

'중'과 '가운데'가 겹쳐 어색하다. '발효중'이란 말을 '발효된'으로 쓰면 된다. 또는 순우리말인 '내려진'으로 바꿔 쓰면 더 좋은데, '내려진'은 앞서 설명한 대로 틀린 말이다. '내린 가운데'로 써야 맞다.

전국 대부분지방에 건조주의보가 **발효중인 가운데** 오늘 곳곳에서 10여 건의 산불이 발생했습니다.

➜ 발효된 가운데/내린 가운데

쇄신특위는 이미 대통령 담화문 발표와 당 지도부 사퇴, 청와대와 내각쇄신, 그리고 검찰개혁 등을 심각하게 **검토중인 가운데** 최종결론은 모레 의원 연찬회에 보고할 예정입니다.

➜ 검토하는 가운데

지금도 충청과 남부지방에는 호우특보가 **발효중인 가운데** 강한 비가 계속되고 있습니다.

➜ 발효된 가운데/내린 가운데

9. 보여집니다

'보입니다'로 쓰면 족하다. 동사 '보다'의 피동형태는 '보이다'이다. '보여지다'는 '보이다'에서 공연히 한 발 더 나아간 군더더기이자 잘못된 표현이다.

지난해 북한에 이어 올해는 한국을 방문함으로써 남북 모두와 친분을 쌓겠다는 포석으로 **보여집니다**.

➜ 보입니다

이틀 사이에 다섯 발의 미사일 발사는 장거리 로켓 발사장과 핵실험장 등 북한의 최첨단 무기관련 시설이 몰려 있는 지역에 대한 강력한 방어의지를 외부에 보여주려는 시도로 **보여집니다**.

➜ 보입니다

핵폐기에 대한 북한의 근본적인 변화가 없이는 정상회담 논의를 굳이 서두를 필요가 없다는 게 청와대와 정부의 판단으로 **보여집니다**.

➜ 보입니다

10. ~에 다름 아닙니다

우리말 표현이 아닌, 문법에도 맞지 않는 틀린 말이다. 조사 '에'는 '다르다'나 '아니다'와 함께 쓰지 않는다. 또, '다름'은 '아니다'가 아니라 '없다'와 어울린다.

'무엇은 무엇이다'라는 말을 굳이 '다르지 않고 같다'는 식으로 표현하려면 '과 다름(이) 없다'로 써야 한다.

단풍잎과 어우러진 기기묘묘한 기암절벽 만물상은 옛말 그대로 **신의 조화에 다름 아닙니다**.

➜ 신의 조화와 다름(이) 없습니다

그러나 꽉 막힌 도로에 갇히다 보면 고향길은 **고생길에 다름 아닙니다**.

➜ 고생길과 다름(이) 없습니다

매니아[7]들에게는 곧 자유이자 엄청난 가슴 **설레임[8]에 다름 아닙니다**.

➜ 설렘과 다름(이) 없습니다

---

7) '마니아'가 옳은 표기다. 우리말 '애호가'로 쓰면 더 좋다.

8) '설레다'의 명사형은 '설렘'이다.

11. 방금 전

'방금'은 말하는 시점보다 바로 조금 전이나, 말하는 시점과 같은 때, 말하는 시점부터 조금 후 이 세 가지 뜻을 다 가진다. 그러니까 바로 조금 전을 가리킬 때 '방금' 뒤에 '전'을 또 붙일 필요가 없다. 말하는 시점의 앞인지 뒤인지, 같은 때인지는 문맥으로 충분히 파악할 수 있다. '방금'으로 고치든지 '조금 전'으로 고쳐야 한다.

신영철 대법관의 촛불재판 개입의혹을 조사해 온 대법원 진상조사단은 **방금 전** 조사결과를 발표했습니다.

➜ 조금 전

방금 전 땅에서 찾아낸 지뢰입니다. 안전을 위해 이 같은 기폭장치를 제거한 뒤 폭발물 처리반이 한꺼번에 폭파합니다.

➜ 방금/조금 전

북한을 전격 방문한 빌 클린턴 전 대통령이 두 여기자와 함께 북한을[9] 출발해 귀환길에 올랐다는 소식이 **방금 전** 미국에서 들어왔습니다.

➜ 방금/조금 전

9) 출발장소를 말할 때는 '~을'보다는 '~에서'가 낫다. '북한에서 출발해'로 고치자.

12. 부득이하게

'부득이'는 '마지못하여 하는 수 없이'란 뜻을 가진 부사다. '부득이하게'는 '마지못하여 하는 수 없다'란 뜻의 '부득이하다'를 부사형태로 만든 것이다. 똑같은 뜻이니 '부득이하게'보다 간결한 '부득이'를 쓰자.

현대측은 현 회장의 일정이 현지사정으로 **부득이하게** 연장되고 있다고 밝혔습니다.

➜ 부득이

안상수 원내대표는 야당에 마냥 끌려 다닐 수 없어 **부득이하게** 미디어법을 직권상정해 처리한 것이라고 설명했습니다.

➜ 부득이

하지만 경찰은 철거민들의 불법행위를 계속 묵과할 수 없어 **부득이하게** 진압에 나섰다고 해명했습니다.

➜ 부득이

13. 구설수

'구설'은 '시비하거나 헐뜯는 말'이다. '구설수'는 '구설을 하거나 들을 운수', 곧 '남과 시비하거나 남에게서 헐뜯는 말을 듣게 될 운수'를 말한다. "너 오늘 구설수가 있으니 행동거지를 조심해야 한다"와 같이 쓴다. '구설'을 '구설수'로 잘못 쓰는 일이 많다.

의문의 교통사고로 **구설수에** 오른 타이거우즈가 끝내 자신이 주최한 골프대회마저 출전을 포기했습니다.

➜ 구설에

외유성 해외시찰로 **구설수에** 오른 것도 한두 차례가 아닙니다.

➜ 구설에

잦은 여성편력으로 **구설수에** 오르던 베를루스코니 이탈리아 총리가 이혼소송을 당하게 됐습니다.

➜ 구설에

14. 전향적

'전향적'은 '어떤 대상에 대한 태도가 긍정적'이란 뜻이다. 외교나 정치분야에서 주로 쓰는 수사인데 일본말이다. 그 유명한 '김종필-오히라 비밀메모'의 장본인인 일본의 오히라 마사요시가 제일 먼저 쓰기 시작했다고 한다. '적극적', '진취적', '발전적' 따위로 바꿔 써야 한다.

북미회담을 앞두고 힐러리 클린턴 미 국무장관이 북한이 비핵화를 약속할 경우[10] 북미수교와 평화협정 체결문제를 논의할 수 있다는 **전향적인** 입장[11]을 내놨습니다.

➜ 발전적인/적극적인

하토야마 총리는 과거사에 대해 **전향적이고** 적극적으로 직시하는 용기를 가지고 있다는 입장[12]을 거듭 밝혔고, 이 대통령은 이를 높이 평가했습니다.

➜ 발전적이고/진취적이고

홍양호 통일부 차관은 남북이 만나면 '오해'가 풀릴 것이라고 말해 정부의 **전향적인** 대화의지를 거듭 강조했습니다.

➜ 적극적인/발전적인

---

10) '약속하면'으로 고쳐 쓰자.
11) '방침'이나 '태도'로 고치자.
12) 역시 '태도'나 '자세'로 바꾸자.

15. 수순

'수순'은 '차례', '순서', '절차'로 순화해야 할 일본식 한자어이다.

민주당은 국회의장이 직권상정 **수순을** 밟을 경우[13] 의원직 사퇴불사 선언으로 배수의 진을 친다는[14] 방침입니다.

➜ 절차를/순서를

때문에 법조계 일각[15]에서는 이번 협약조건 수용이 정부가 사실상 사형집행을 포기하는 **수순이** 될 것이란 관측이 나오고 있습니다.[16]

➜ 순서가/차례가

이런 가운데 미국은 국무부 부장관을 대표로 하는 정부대표단을 한중일러 4개국에 파견해 북한제재 **수순에** 들어갔습니다.

➜ 절차에/순서에

---

13) '밟으면'으로 편히 쓰자.

14) '칠 방침입니다'로 고치자.

15) '한쪽'이나 '한 방향'으로 순화해야 하는 단어다. 여기서는 '한쪽'으로 쓰면 된다.

16) 잘못된 '~이 있습니다' 표현이다. '나옵니다'로 쓰자.

16. 현안문제

'현안'은 '아직 해결되지 않은 채 남아있는 문제나 의안'을 가리킨다. 그 자체에 '문제'의 뜻이 있다. 따라서 '현안문제'는 '문제'가 겹친 그른 말이다. 그냥 '현안'으로만 쓰거나 '걸린 문제'로 풀어 쓰자.

> **민생 현안문제는** 직간접적으로 관련 있는 시민들이 대통령에게 직접 질의하는 방식으로 진행됩니다.
>
> ➜ 민생 현안은/민생에 걸린 문제는
>
> 조문만을 위해 온다고는 하지만 김정일 위원장의 최측근들이라는 무게감 때문에 **현안문제와 관련한** 당국간 막후접촉 가능성이 제기되고 있습니다.
>
> ➜ 현안과 관련한
>
> KBS는 새해를 맞아 우리 사회 **현안문제에 대한** 여론조사를 실시했습니다.[17)]
>
> ➜ 현안에 대한

17) '실시'는 필요 없다. '여론조사를 했습니다'면 충분하다.

17. 유감을 표명하다

'유감'(遺憾)은 '섭섭하고 불만스런 느낌'이다. 말하는 이가 서운한 마음이 있다는 뜻이다. 남의 행위나 객관적 사실을 두고 써야지 자기의 잘못을 두고 쓰면 안 된다.

잘못을 제대로 인정하거나 사과하지 않은 채 어물쩍 넘어가는 느낌이 강한데, 단어의 뜻 그대로 풀이하면 자기잘못에 자기가 서운하다는 엉터리 표현이다.

이 대통령은 세종시 수정의 필요성과 대안계획 등을 국민에게 설명하고 원안 수정 추진에 대해 사과나 **유감을** 표명할[18] 것으로 보입니다.

➜ 미안한 뜻을

주상용 서울지방경찰청장은 지난달 11일 용산참사 추모집회 당시 강신후 서울청 기동 2단장 등이 KBS의 취재활동을 방해하고 촬영기자를 폭행한 것에 대해 **유감을** 표명했습니다.

➜ 미안한 뜻을/사과의 뜻을

정부는 북측에 사과나 **유감을** 표명한 사실이 없고, 유 씨의 석방과 관련해 대가를 지불한[19] 사실도 없다고 밝혔습니다.

➜ 미안한 뜻을

---

18) '표명하다'를 '밝히다'로 고치면 더 편하고 쉽다. '사과나 미안한 뜻을 밝힐 것으로'가 좋겠다.

19) '지불'은 '지급'이나 '치름'으로 순화해야 할 단어다. '대가를 치른'으로 고쳐 쓰자.

18. '6월'과 '6개월'

'1년 6월의 징역', '징역 2년 6월' 따위로 법원판결을 전하는 기사에서 나오는 표현인데 잘못이다. 6월은 한 해 가운데 여섯 번째 달을 가리킨다. 여섯 달은 6개월이다. 그른 법조용어를 방송에서 그대로 옮겨 쓰면 안 된다.

서울대 이병천 교수와 강성근 전 교수에게는 **징역 1년 6월이**, 윤현수 한양대 교수에게는 징역 1년이 각각 구형됐습니다.

➜ 1년 6개월이/18개월이

축산물 가공처리법 위반혐의로 기소된 이들에게 법원이 징역 1년에서 **1년 6월까지의** 실형을 선고했습니다.

➜ 1년 6개월까지(의)/18개월까지(의)

수원지법 성남지원은 강 피고인이 박철언 씨의 돈 178억여 원을 횡령하고 통장을 여러 개 만들어 위변조한 혐의가 인정된다며 **징역 4년 6월을** 선고했습니다.

➜ 징역 4년 6개월을

19. '싣다'와 '태우다'

'싣다'는 차나 배, 비행기, 짐승의 등 따위에 어떤 물건을 올려놓는다는 뜻을 지닌 말이다. 사람이 자기의 의지로 오를 때는 '싣다'를 써서는 안 된다. 사람을 화물 취급하는 셈이다. 사람에게는 '타다'의 사역형인 '태우다'가 적합하다. 짐은 '싣다', 사람은 '태우다'가 맞다.

6백여 명을 **싣고** 모스크바에서 상트페테르부르크로 가던 러시아의 고속열차가 탈선한 현장입니다.

➜ 태우고

김포공항과 신논현 간 25개 역 중 신논현행은 개화, 김포공항, 가양, 선유도 등 4개 역에서, 김포공항행은 신논현, 동작, 가양 등 3개 역에서 출근길 첫 승객들을 **싣고** 동시에 출발했습니다.

➜ 태우고

오늘 아침 출근길에 환자를 **싣고**[20] 달리던 구급차가 빙판길에 미끄러지면서 마주 오던 버스와 충돌하는 사고가 났습니다.

➜ 태우고

---

20) 환자가 스스로 움직이지 못해 구급대원들이 들것에 실은 상태로 보면 '싣고'로 써도 된다.

20. 벌써부터

부사에는 어떤 격조사도 붙이지 말고 오롯이 부사로 써야 한다. 그런데도 부사를 마치 명사처럼 다뤄 뒤에 조사를 붙여 쓰는 일이 많다. 주요 사전에서도 이런 용례를 들어 설명하고 있는데 잘못이다. '벌써부터', '그대로의' 따위는 맞는 표현이 아니다.

하지만 당내에서는 **벌써부터** 추미애 의원을 비롯해 비주류 연합체인 민주연대 등이 초안의 방향과 구체성이 애매모호하다고[21] 지적하고 있습니다.

➜ 벌써

하지만 인근 대규모 재건축아파트 단지 입주로 **벌써부터** 상습정체가 이뤄지는 상황에서 매머드급 위락시설까지 들어서면 잠실 일대가 거대한 주차장으로 바뀔 것이란 우려는 여전합니다.

➜ 벌써

자연과 어우러진 투박함 **그대로의** 한국적 정서를 살린 우리 미술작품들이 국제무대에서 좋은 평가를 받고 있습니다.

➜ 그대로

---

21) '모호하다고'로 고쳐 쓰자.

21. 진위 여부

'진위'는 글자 그대로 '참과 거짓, 진짜와 가짜'를 말한다. '여부'는 '그러함과 그러하지 아니함'이다. 앞서 살펴본 대로 되도록 피해야 할 단어인데다, '진위'에 이미 '참-거짓'의 상대개념이 있기 때문에 굳이 '여부'를 붙여 쓸 이유가 없다. '진위 여부'는 같은 개념의 중복이다.

그런데 그 **진위 여부를** 확인하는 절차는 전혀 없습니다.

➜ 진위를

그러나 이 동영상의 **진위 여부는** 아직 확인되지 않았습니다.

➜ 진위는

한편 경찰은 장 씨의 지인임을 주장하는 전 모 씨가 한 언론사에 보낸 편지글의 **진위 여부에** 대해서도 수사에 착수했습니다.

➜ 진위에

22. 역할

'역할'은 '자기가 마땅히 해야 할 맡은 일'을 뜻하는 일본식 한자어다. 일본말로 '야쿠와리'(やくわり)라고 읽는다. '구실', '소임', '할 일', '노릇'으로 순화해서 쓰자.

> 이재용 부사장이 담당할 직무는 신설직제인 COO, 즉[22] 최고운영책임자로, 삼성전자의 내부조정과 대외창구의 핵심적인[23] **역할을** 하게 됩니다.
>
> ➜ 소임을/구실을
>
> 애인**역할을** 해주고 돈을 받는 10대와 이들을 사는 남성들이 거래하는 곳이었습니다.
>
> ➜ 노릇을/구실을
>
> 차기 G20 의장국이 된 만큼 세계경제에 더 큰 **역할을** 해줄 것도 주문했습니다.
>
> ➜ 소임을/구실을

22) '즉'은 '곧' 또는 '바로'로 고치자.
23) '~적'을 피하자. '핵심'으로만 써도 된다. '핵심 소임을', '핵심 구실을'로 고쳐 쓰자.

23. 의혹을 밝히다

'의혹'은 '의심하여 수상히 여김, 또는 그런 마음이나 생각'이다. 의심과 비슷한 상태다. 밝혀서는 사라지지 않고 풀거나 해소해야 사라진다.

민주당은 이에 맞서 이른바 대리투표 **의혹을 밝히기 위해** 국회 본회의 폐쇄회로 동영상에 대한 증거조사신청을 헌법재판소에 제출했습니다.

→ 의혹을 풀기 위해/의혹을 해소하기 위해

감사원은 당첨자 조작**의혹을 밝히는 데** 집중하고 있습니다.

→ 의혹을 푸는 데/의혹을 해소하는 데

경찰은 유 씨로부터[24] **의혹을 밝힐 만한** 진술을 받아내지 못했다고 전했습니다.

→ 의혹을 풀 만한/의혹을 해소할 만한

24) '유 씨에게서'나 '유 씨한테서'가 맞다.

24. 자매결연을 맺다

'결연'은 '인연을 맺음'이다. '자매결연을 맺다'는 맺는다는 의미가 겹친 그른 표현이다. '자매의 연을 맺다' 또는 '자매결연을 하다'로 고쳐야 맞다.

이번에 한국에 수학여행 온 일본학생들은 6백여 명, 선배들이 35년 전 서울의 한 고등학교와 **자매결연을 맺은 뒤** 그동안 만 7천 명이 한국을 다녀갔습니다.

➜ 자매결연을 한 뒤/자매의 연을 맺은 뒤

이런 사연이 알려지자 하얼빈과 **자매결연을 맺은** 부천시가 동상유치를 결정하고 오늘 동상 제막식을 열게 된 겁니다.

➜ 자매결연을 한/자매결연한/자매의 연을 맺은

수원시는 다음달 8일 **자매결연을 맺고 있는** 7개 나라 도시에서 50여 명의 수입업자들을[25] 초청해 전자무역청 개청식을 갖고[26] 본격적인 홍보에 나설 계획입니다.

➜ 자매결연을 하고 있는/자매의 연을 맺고 있는

25) '수입업자 50여 명을'로 고치자.

26) '개청식을 열고' 또는 '개청식을 하고'가 낫다.

25. 고민

'고민'(苦悶)은 '마음속으로 괴로워하고 애를 태운다'는 뜻이다. 단순히 이것저것 고려하고 숙고함을 말할 때에는 쓰지 말아야 한다.

불안정한 국제 금가격과 환율 때문에 지금이 금을 팔 적기인지 **고민하는 경우가** 적지 않은데요.

➜ 판단을 못하는 일이

황금연휴 중간에 낀 5월 4일을 쉬어야 할지, 말아야 할지, **직장인들의 고민이 깊습니다.**

➜ 직장인들이 판단을 쉬 못합니다

맞벌이를 하는 교사 김현숙 씨. 매년 연말정산 때면 **고민이 많습니다.**

➜ 판단이 서지 않습니다/고려할 게 많습니다

26. 고심

'고심'(苦心)은 '몹시 애를 태우며 마음을 씀'이다. '쿠신'(くしん)으로 읽는 일본식 한자어다. 문맥에 따라 '고민' 또는 '고려'로 바꾸거나, 우리말 '애씀'으로 순화해 써야 한다.

오바마 대통령은 미군의 아프가니스탄 증파규모를 놓고 **고심중입니다**.

➜ 고민중입니다

생소한 영어식 동 이름에 주민들 반응도 엇갈려 조례개정을 앞두고 구의회도 **고심하고 있습니다**.

➜ 고민하고 있습니다

재정적자가 커지자 정부는 세수를 늘리는 방안을 여러 가지로 **고심하고 있습니다**.

➜ 고려하고 있습니다/고민하고 있습니다

27. 가능한, 가능한 한

'가능한'은 '할 수 있거나 될 수 있다'는 뜻의 형용사 '가능하다'의 관형사형이다. 명사를 꾸며야 맞다. '가능하면'의 뜻으로 쓰려면 조건의 뜻을 나타내는 명사 '한'을 붙여 '가능한 한'으로 써야 한다. '가능한'은 '~ㄹ 수 있는'으로, '가능한 한'은 '되도록, 될 수 있으면' 따위로 바꿔 쓰면 더 좋다.

이 대통령은 특히 관광자원 개발에 힘쓰는 광주, 전남을 위해서라도 호남고속철을 **가능한** 빨리 앞당겨서 건설할 생각이라며 지원의사를 밝혔습니다.

➜ 가능한 한/가능하면/되도록/될 수 있으면

이명박 대통령과 존 키 뉴질랜드 총리는 오늘 정상회담을 갖고[27] 자유무역협정, FTA 협상을 시작해 **가능한** 이른 시일 내 타결하기로 했습니다.

➜ 가능한 한/가능하면/되도록/될 수 있으면

여야간 합의문은 당장 **처리가 가능한** 법안과 합의처리를 조건으로 못 박아 처리여부가[28] 불투명한 법안으로 나눠집니다.[29]

➜ 처리할 수 있는

---

27) '회담'은 '갖다'보다 '하다'와 어울린다.

28) '여부'는 빼도 된다.

29) '나뉩니다'가 옳다.

28. 애로사항

'애로'는 본디 '좁고 험한 길'인데 여기서 나아가 '어떤 일을 하는 데에 장애가 되는 것'의 뜻을 갖게 됐다. '사항'을 붙일 필요 없다. '애로'나 '고충'으로 간결하게 쓰거나 우리말 '어려움'으로 쓰면 좋다.

중소기업의 이런 **애로사항을** 해결할 수 있는 제도가 마련됐습니다.

➜ 애로를/고충을/어려움을

이 대통령은 또 콜센터 일일상담원이 돼 청와대에 편지를 보낸 인천의 초등학생 모녀 등과 전화상담을 하면서 **애로사항을** 청취하고 격려했습니다.

➜ 애로를/고충을/어려움을

제조업체들이 느끼는 경영 **애로사항으로는** 내수부진이 21.6%로 가장 많았습니다.

➜ 애로로는/고충으로는/어려움으로는

29. 회동

'회동'은 '일정한 목적으로 여러 사람이 한데 모임'의 뜻이다. 정치인들의 모임을 가리킬 때 주로 쓰는데, '모임'이나 '만남' 대신 꼭 '회동'을 써야할 마땅한 이유가 없다.

> 이명박 대통령과 한나라당 박희태 대표는 내일 새해 **첫 정례회동을 갖고**[30] 중점법안 처리와 개각 등 정국현안을 논의합니다.
>
> ➜ 정례만남을 갖고/정례만남을 하고/정례모임을 갖고/정례모임을 하고/정해진 모임을 하고
>
> 시간은 정해지지 않았지만 게이츠 국방장관과 멀린 합참의장, 이라크 주둔군 사령관 등과 **회동도** 예정돼 있습니다.
>
> ➜ 만남도/모임도
>
> 김정일 위원장과 **회동했는지 여부**[31]**가** 관심인데 아직 확인되지 않고 있습니다.
>
> ➜ 만났는지가

---

30) '모임'이나 '만남'은 '가지다'보다 '하다'가 더 어울린다.

31) '여부'는 필요 없는 말이다.

30. 올들어

'올해'의 준말로 인정하는 사전도 있지만, '올'은 본디 '올해의'란 뜻의 관형어이다. '올들어'는 '올해의 들어'가 되니 틀린 말이다. '올 들어'로 띄어 써도 틀린 건 마찬가지다.

지난 18일 중국 간쑤성에서 **올 들어** 처음 발생한 황사는 중국 북부지역을 뒤덮었습니다.

➜ 올해 들어

오늘 경북 영덕은 **올 들어** 가장 높은 36.9도를 기록했고, 남부내륙과 동해안 지역도 35도 안팎까지 올랐습니다.

➜ 올해 들어

올 들어서만 345건, 지난해 같은 기간에 비해 26%나 늘었습니다.

➜ 올해 들어서만

∷ 참고한 책과 글

강성곤, 《방송뉴스문장 갈고 다듬기》, MJ미디어.
고경태, 《유혹하는 에디터》, 한겨레출판.
김희진 · 정희창 · 박용찬, 《방송 뉴스의 어휘 선택》, 한국방송기자클럽.
남영신, 《나의 한국어 바로 쓰기 노트》, 까치.
리의도, 《말을 잘하고 글을 잘 쓰려면 꼭 알아야 할 것들》, 석필.
박숙희, 《반드시 바꿔 써야 할 우리말 속 일본말》, 한울림.
이수열, 《우리가 정말 알아야 할 우리말 바로 쓰기》, 현암사.
KBS 한국어연구회, 《바른말 고운 말》, 대교출판.
KBS 한국어연구회, 《바른말 고운 말 2》, 한국방송출판.
KBS 보도국 국어자문단 뉴스 모니터링 결과보고.